সাম্য

বঙ্কিমচন্দ্র চট্টোপাধ্যায়

Title: Samya

Author: Bankim Chandra Chattopadhyay

Language: Bengali

First Published on: 1879

Published on: 2024

Book Format: Paperback

Category: Essays

Subject: Social Science Essays

No. of pages: 58

Size: 6inch * 9inch

সূচীপত্র

সাম্য..3
প্রথম পরিচ্ছেদ..4
দ্বিতীয় পরিচ্ছেদ..13
তৃতীয় পরিচ্ছেদ...22
চতুর্থ পরিচ্ছেদ..31
পঞ্চম পরিচ্ছেদ...42
উপসংহার..57

সাম্য

এই প্রবন্ধের প্রথম, দ্বিতীয় ও পঞ্চম পরিচ্ছেদ বঙ্গদর্শনের সাম্যশীর্ষক প্রবন্ধ। তৃতীয় ও চতুর্থ পরিচ্ছেদ ঐ পত্রে প্রকাশিত "বঙ্গদেশের কৃষক" নামক প্রবন্ধ হইতে নীত। কৃষকের কথা যে আধুনিক সামাজিক বৈষম্যের উদাহরণস্বরূপ লিখিত হইয়াছে, এমত নহে। প্রাচীন বর্ণ—বৈষম্যের ফলস্বরূপ বর্ণিত হইয়াছে। পাঠক যেন এই কথাটি স্মরণ রাখেন। সাম্যনীতি নূতন তত্ত্ব নহে, কিন্তু ইউরোপীয়েরা যে ভাবে ইহার বিচার করেন, আমি তাহা করি নাই। আমি সাম্যনীতি যেমন মোটামুটি বুঝিয়াছি—সেইরূপ লিখিয়াছি। অতএব ইউরোপীয় নীতিশাস্ত্রের সহিত প্রভেদ দেখিলে কেহ রাগ করিবেন না। আরও, স্বদেশীয় সাধারণজনগণকে এই তত্ত্বটি বুঝাইবার জন্য লিখিয়াছি। সুশিক্ষিত যদি ইহাতে কিছু পঠিতব্য না পান, আমি দুঃখিত হইব না। অশিক্ষিত পাঠকদিগের হৃদয়ে এই নীতি অঙ্কুরিত হইলে আমি চরিতার্থ হইব।

শ্রীবঙ্কিমচন্দ্র চট্টোপাধ্যায়

প্রথম পরিচ্ছেদ

এই সংসারে একটি শব্দ সর্ব্বদা শুনিতে পাই – “অমুক বড় লোক – অমুক ছোট লোক।” এটি কেবল শব্দ নহে। লোকের পরস্পর বৈষম্য জ্ঞান মনুষ্যমণ্ডলীর কার্য্যের একটি প্রধান প্রবৃত্তির মূল। অমুক বড় লোক, পৃথিবীর যত ক্ষীর সর নবনীত সকলই তাঁহাকে উপহার দাও। ভাষার সাগর হইতে শব্দরত্নগুলি বাছি বাছিয়া তুলিয়া হার গাঁথিয়া তাঁহাকে পরাও, কেন না, তিনি বড় লোক। যেখানে ক্ষুদ্র অদৃশ্যপ্রায় কণ্টকটি পথে পড়িয়া আছে, উহা যত্নসহকারে উঠাইয়া সরাইয়া রাখ – ঐ বড় লোক আসিতেছেন, কি জানি যদি তাঁহার পায়ে ফুটে। এই জীবনপথের ছায়াস্নিগ্ধ পার্শ্ব ছাড়িয়া রৌদ্রে দাঁড়াও, বড় লোক যাইতেছেন। সংসারের আনন্দকুসুম সকল, সকলে মিলিয়া চয়ন করিয়া শয্যারচনা করিয়া রাখ, বড় লোক উহাতে শয়ন করুন। আর তুমি – তুমি বড় লোক নহ – তুমি সরিয়া দাঁড়াও, এ পৃথিবীর সামগ্রী কিছুই তোমার জন্য নয়। কেবল এই তীব্রঘাতী লোলায়মান বেত্র তোমার জন্য – বড় লোকের চিত্তরঞ্জনার্থ তোমার পৃষ্ঠের সঙ্গে মধ্যে মধ্যে ইহার আলাপ হইবে।
বড় লোকে ছোট লোকে এ প্রভেদ কিসে? রাম বড় লোক, যদু ছোট লোক কিসে? তাহা নিন্দ লোকে এক প্রকার বুঝাইয়া দেয়। যদু চুরি করিতে জানে না, বঞ্চনা করিতে জানে না, পরের সর্ব্বস্ব শঠতা করিয়া গ্রহণ করিতে জানে না, সুতরাং যদু ছোট লোক; রাম চুরি করিয়া, বঞ্চনা করিয়া, শঠতা করিয়া ধন সঞ্চয় করিয়াছে, সুতরাং রাম বড় লোক। অথবা রাম নিজে নিরীহ ভাল মানুষ, কিন্তু তাহার প্রপিতামহ চৌর্য্যবঞ্চনাদিতে সুদক্ষ ছিলেন; মুনিবের সর্ব্বস্বাপহরণ করিয়া বিষয় করিয়া গিয়াছেন, রাম জুয়াচোরের প্রপৌত্র, সুতরাং সে বড় লোক। যদু পিতামহ আপনি আনিয়া আপনার খাইয়াছে – সুতরাং সে ছোট লোক। অথবা রাম কোন বঞ্চকের কন্যা বিবাহ করিয়াছে, সেই সম্বন্ধে বড় লোক। রামের মাহাত্ম্যের উপর পুষ্পবৃষ্টি কর।

অথবা রাম সেলাম করিয়া, গালি খাইয়া কদাচিৎ পদাঘাত সহ্য করিয়া, অথবা ততোধিক কোন মহৎ কার্য্য করিয়া, কোন রাজপুরুষের নিকট

প্রসাদ প্রাপ্ত হইয়াছে। রাম চাপরাশ গলায় বাঁধিয়াছে – চাপরাশের বলে বড় লোক হইয়াছে। আমরা কেবল বাঙ্গালীর কথা বলিতেছি না – পৃথিবীর সকল দেশেরই চাপরাশবাহকের একই চরিত্র – প্রভুর নিকট কীটাণুকীট, কিন্তু অন্যের কাছে? – ধর্ম্মাবতার!! তুমি যে হও, দুই হাতে সেলাম কর, ইনি ধর্ম্মাবতার। ইঁহার ধর্ম্মাধর্ম্ম জ্ঞান নাই, অধর্ম্মেই আসক্তি, – তাহাতে ক্ষতি কি? রাজকটাক্ষে ইনি ধর্ম্মাবতার। ইনি গণ্ডমূর্খ, তুমি সর্ব্বশাস্ত্রবিৎ – সে কথা এখন মনে করিও না, ইনি বড় লোক, ইঁহাকে প্রণাম কর।

আর এক প্রকারের বড় লোক আছে। গোপাল ঠাকুর "কন্যাভারগ্রস্ত – কন্যাভারগ্রস্ত" বলিয়া দুই চারি পয়সা ভিক্ষা করিয়া বেড়াইতেছে – এও বড় লোক। কেন না, গোপাল ব্রাহ্মণ জাতি! তুমি শুদ্র – যত বড় লোক হও না কেন, তোমাকে উহার পায়ের ধূলো লইতে হইবে। দুই প্রহর বেলা ঠাকুর রাগ করিয়া না যান – ভাল করিয়া আহার করাও, যাহা চাহেন, দিয়া বিদায় কর। গোপাল দরিদ্র, মূর্খ, নরাধম, পাপিষ্ঠ, কিন্তু সেও বড় লোক।

অতএব সংসার বৈষম্যপরিপূর্ণ। – সকল বিষয়েই বৈষম্য জন্মে। রাম এ দেশে না জন্মিয়া, ও দেশে জন্মিল, সে একটি বৈষম্যের কারণ হইল; রাম পার্চিঁর গর্ভে না জন্মিয়া, জাদির গর্ভে জন্মিল, সে একটি বৈষম্যের কারণ হইল। তোমার অপেক্ষা আমি কথায় পটু বা আমার শক্তি অধিক বা আমি বঞ্চনায় দক্ষ, – এ সকলই সামাজিক বৈষম্যের কারণ। সংসার বৈষম্যপূর্ণ।

সংসারে বৈষম্য থাকাই উচিত। প্রকৃতিই অনেক বৈষম্যের নিয়ম করিয়া আমাদিগকে এই সংসার-রঙ্গে পাঠাইয়াছেন। তোমার অপেক্ষা আমার হাড়গুলি মোটা মোটা, বড় কঠিন – তোমার অপেক্ষা আমার বাহুতে অধিক বল আছে – আমি তোমাকে এক ঘুষিতে ভূতলশায়ী করিয়া তোমার অপেক্ষা বড় লোক হইতেছি। কুমুদিনীর অপেক্ষা সৌদামিনী সুন্দরী; সুতরাং সৌদামিনী জমীদারের স্ত্রী, কুমুদিনী পাট কাটে। রামের মস্তিষ্কের অপেক্ষা যদুর মস্তিষ্ক দশ আউন্স ওজনে ভারি, সুতরাং যদু সংসারে মান্য, রাম ঘৃণিত।

অতএব বৈষম্য সাংসারিক নিয়ম। জগতের সকল পদার্থেই বৈষম্য। মনুষ্যে মনুষ্যে প্রকৃত বৈষম্য আছে। যেমন প্রকৃত বৈষম্য আছে – প্রকৃত বৈষম্য অর্থাৎ যে বৈষম্য প্রাকৃতিক নিয়মানুরুদ্ধ, – তেমনি অপ্রকৃত বৈষম্য আছে। ব্রাহ্মণ শুদ্রে অপ্রাকৃত বৈষ্যম। ব্রাহ্মণবধে গুরু পাপ, – শুদ্রবধে লঘু পাপ; ইহা প্রাকৃতিক নিয়মানুকৃত নহে। ব্রাহ্মণ অবধ্য – শুদ্র বধ্য কেন? শুদ্রই দাতা, ব্রাহ্মণই কেবল গৃহীতা কেন? তৎপরিবর্ত্তে যাহার দিবার শক্তি আছে, সেই দাতা, যাহার প্রয়োজন, সেই গৃহীতা, এ বিধি হয় নাই কেন?

দেশী বিলাতীর মধ্যে সেইরূপ আর একটি অপ্রাকৃত বৈষম্য। কিন্তু সে কথার অধিক আন্দোলন করিতে পারি না।

সর্ব্বাপেক্ষা অর্থগত বৈষম্য গুরুতর। তাহার ফলে কোথাও কোথাও দুই একজন লোক টাকার খরচ খুজিঁয়া পায়েন না – কিন্তু লক্ষ লোক অন্নাভাবে উৎকট রোগগ্রস্ত হইতেছে!

সমাজের উন্নতিরোধ বা অবনতির যে সকল কারণ আছে, অপ্রাকৃতিক বৈষম্যের আধিক্যই তাহার প্রধান। ভারতবর্ষের যে এতদিন হইতে এত দুর্দ্দশা, সামাজিক বৈষম্যের আধিক্যই তাহার বিশিষ্ট কারণ।

ভারতবর্ষেই যে বৈষম্যের আধিক্য ঘটিয়াছে, এমত নহে। এই সংসার বৈষম্যময়, সকল দেশই বৈষম্যজালে আচ্ছন্ন। উন্নতিশীল সমাজে, সামাজিকেরা পরস্পরে সংঘৃষ্ট হইয়া সেই বৈষম্যকে অপনীত করিয়াছেন। সেই সকল রাজ্যের শ্রীবৃদ্ধি হইয়াছে। রোম ইহার প্রধান উদাহরণ। রোমরাজ্যের প্রথমকালিক বৈষম্য – পেত্রিষীয় ও প্লিবীয়দিগের সম্প্রদায় ভেদ – তাহা এক প্রকার সামাজিক সামঞ্জস্যে লয় প্রাপ্ত হইয়াছিল। তদ্রাজ্যের যে পশ্চাৎকালিক বৈষম্য – নাগরিকত্ব এবং অনাগরিকত্ব; তাহাও শাসনকর্ত্তৃপক্ষের অলৌকিক রাজনীতিদক্ষতার গুণে অপনীত হইয়াছিল। সুতরাং রোম পৃথিবীশ্বরী হইয়াছিল।

অন্যত্র এরূপ ঘটে নাই। আমেরিকার চিরদাসত্বের উচ্ছেদ জন্য সেদিন ঘোরতর আভ্যন্তরিক সময় হইয়া গেল – অস্ত্রাঘাতে ক্ষতিচিকিৎসার ন্যায়

সামাজিক অনিষ্টের দ্বারা সামাজিক ইষ্টসাধন করিতে হইল। এই চিকিৎসার বড় ডাক্তার দাঁতো এবং রোবস্পীর। বৈষম্যের পরিবর্ত্তে সাম্য সংস্থাপনই প্রথম ও দ্বিতীয় ফরাসিস বিপ্লবের উদ্দেশ্য।

কিন্তু সর্ব্বত্র এই কঠোর চিকিৎসার প্রয়োজন হয় নাই। অধিকাংশ দেশেই উপদেষ্টার উপদেশেই সাম্য আদৃত এবং সংস্থাপিত হইয়াছে। অস্ত্রবল অপেক্ষা বাক্যবল গুরুতর – সমরাপেক্ষা শিক্ষা অধিকতর ফলোপদায়িনী। খ্রীষ্টধর্ম্ম এবং বৌদ্ধধর্ম্ম বাক্যে প্রচারিত হয় – ইস্লামের ধর্ম্ম শস্ত্রসাহায্যে প্রচারিত হইয়াছে। কিন্তু পৃথিবীতে মুসলমান অল্পসংখ্যক – বৌদ্ধ ও খ্রীষ্টীয়ানই অধিক।

পৃথিবীতে তিনবার আশ্চর্য্য ঘটনা ঘটিয়াছে। বহুকালান্তর, তিন দেশে তিন জন মহাশুদ্ধাত্মা জন্মগ্রহণ করিয়া ভূমণ্ডলে মঙ্গলময় এক মহামন্ত্র প্রচার করিয়াছেন। সেই মহামন্ত্রের স্থূল মর্ম্ম, "মনুষ্য সকলেই সমান"। এই স্বর্গীয় মহাপবিত্র বাক্য ভূমণ্ডলে প্রচার করিয়া, তাঁহারা জগতে সভ্যতা এবং উন্নতির বীজ বপন করিয়াছিলেন। যখনই মনুষ্যজাতি, দুর্দ্দশাপন্ন, অবনতির পথারূঢ় হইয়াছে, তখনই এক মহাত্মা মহাশব্দে কহিয়াছেন, "তোমরা সকলেই সমান – পরস্পর সমান ব্যবহার কর"। তখন দুর্দ্দশা ঘুচিয়া সুদশা হইয়াছে, অবনতি ঘুচিয়া উন্নতি হইয়াছে।

প্রথম, শাক্যসিংহ বুদ্ধদেব। যখন বৈদিকধর্ম্মসঞ্জাত বৈষম্যে ভারতবর্ষ পীড়িত, তখন ইনি জন্মগ্রহণ করিয়া ভারতবর্ষের উদ্ধার করিয়াছিলেন। পৃথিবীতে যত প্রকার সামাজিক বৈষম্যের উৎপত্তি হইয়াছে, ভারতবর্ষের পূর্ব্বকারিক বর্ণবৈষম্যের ন্যায় গুরুতর বৈষম্য কখন কোন সমাজে প্রচলিত হয় নাই। অন্য বর্ণ অবস্থানুসারে বধ্য – কিন্তু ব্রাহ্মণ শত অপরাধেও অবধ্য। ব্রাহ্মণে তোমার সর্ব্বপ্রকার অনিষ্ট করুক। তুমি ব্রাহ্মণের কোন প্রকার অনিষ্ট করিতে পারিবে না। তোমরা ব্রাহ্মণের চরণে লুটাইয়া তাঁহার চরণরেণু শিরোদেশে গ্রহণ কর – কিন্তু শুদ্র অস্পৃশ্য। শুদ্রস্পৃষ্ট জল পর্য্যন্ত অব্যবহার্য্য। এ পৃথিবীর কোন সুখে শূদ্র অধিকারী নহে, কেবল নীচবৃত্তি তাহার অবলম্বনীয়। জীবনের জীবন যে বিদ্যা, তাহাতে তাহার অধিকার নাই। সে শাস্ত্রে বদ্ধ, অথচ শাস্ত্র যে কি, তাহা তাহার স্বচক্ষে দেখিবার অধিকার নাই, তাহার নিজ পরকালও

ব্রাহ্মণের হাতে। ব্রাহ্মণ যাহা বলিবেন, তাহা করিলেই পরকালে গতি, নহিলে গতি নাই। ব্রাহ্মণ যাহা করাইবেন, তাহা করিলেই পরকালে গতি, নহিলে গতি নাই। ব্রাহ্মণকে দান করিলেই পরকালে গতি, কিন্তু শূদ্রের সেই দান গ্রহণ করিলেও ব্রাহ্মণ পতিত। ব্রাহ্মণের সেবা করিলেই শূদ্রের পরকালে গতি। অথচ শূদ্রও মনুষ্য, ব্রাহ্মণও মনুষ্য। প্রাচীন ইউরোপের, বন্দী এবং প্রভু মধ্যে যে বৈষম্য, তাহাও এমন ভয়ানক নহে। অদ্যাপি ভারতবর্ষবাসীরা কোন গুরুতর বৈষম্যের কথার উদাহরণস্বরূপ বলে, "বামন শূদ্র তফাৎ"।

এই গুরুতর বর্ণবৈষম্যের ফলে ভারতবর্ষ অবনতির পথে দাঁড়াইল। সকল উন্নতির মূল জ্ঞানোন্নতি। পশ্বাদিবৎ ইন্দ্রিয়তৃপ্তি ভিন্ন পৃথিবীর এমন কোন একটি সুখ তুমি নির্দ্দেশ করিয়া বলিতে পারিবে না, যাহার মূল জ্ঞানোন্নতি নহে। বর্ণবৈষম্যে জ্ঞানোন্নতির পথরোধ হইল। শূদ্র জ্ঞানালোচনার অধিকারী নহে; একমাত্র ব্রাহ্মণ তাহার অধিকারী। ভারতবর্ষের অধিকাংশ লোক ব্রাহ্মণেতরবর্ণ। অতএব অধিকাংশ লোক মূর্খ হইল। মনে কর, যদি ইংলণ্ডে এরূপ নিয়ম থাকিত যে, রসেল, কাবেন্দিষ, স্তান্‌লি প্রভৃতি কয়েকটি নির্দ্দিষ্ট বংশের লোক ভিন্ন আর কেহ বিদ্যার আলোচনা করিতে পারিবে না, তাহা হইলে ইংলণ্ডের এ সভ্যতা কোথায় থাকিত? কবি, দার্শনিক, বিজ্ঞানবিৎ দূরে থাকুক, ওয়াট্, ষ্টিবিন্‌সন, আর্করাইট কোথায় থাকিত? ভারতবর্ষে প্রায় তাহাই ঘটিয়াছিল। কিন্তু কেবল তাহাই নহে। অনন্যসহায় ব্রাহ্মণেরা যে বিদ্যার আলোচনা একাধিকার করিলেন, তাহাও বর্ণবৈষম্য দোষে কুফলপ্রদা হইয়া উঠিল। সকল বর্ণের প্রভু হইয়া, তাঁহারা বিদ্যাকে প্রভুত্বরক্ষণীরূপে নিযুক্ত করিলেন। বিদ্যার যেরূপ আলোচনায় সেই প্রভুত্ব বজায় থাকে, যাহাতে তাহার আরও বৃদ্ধি হয়, যাহাতে অন্য বর্ণ আরও প্রণয় হইয়া ব্রাহ্মণপদরজ ইহজন্মের সারভূত করে, সেইরূপ আলোচনা করিতে লাগিলেন। আরও যাগযজ্ঞের সৃষ্টি কর, আরও মন্ত্র, দান, দক্ষিণা, প্রায়শ্চিত্ত বাড়াও, আরও দেবতার মহিমাপূর্ণ মিথ্যা ইতিহাস কল্পনা করিয়া এই অপ্সরানূপুরনিক্কণনিন্দিত মধুর আর্য্যভাষায় গ্রন্থিত কর, ভারতবাসীদিগের মূর্খতাবন্ধন আরও আঁটিয়া বাঁধ। দর্শন, বিজ্ঞান, সাহিত্য, সে সবে কাজ কি? সেদিকে মন দিও না। অমুক ব্রাহ্মণখানির কলেবর বাড়াও – নূতন উপনিষদ্‌খানি প্রচার কর – ব্রাহ্মণের উপর ব্রাহ্মণ, উপনিষদের উপর উপনিষদ্,

আরণ্যকের উপর আরণ্যক, সূত্রের উপর সূত্র, তার উপর ভাষ্য, তার টীকা, তার ভাষ্য অনন্তশ্রেণী – বৈদিক ধর্ম্মের গ্রন্থে ভারতবর্ষ আচ্ছন্ন কর। বিদ্যা? – তাহার নাম ভারতবর্ষে লুপ্ত হউক!

লোক বিষণ্ন, ব্যস্ত, শঙ্কিত হইল। ব্রাহ্মণেরা লেখেন, সকল কাজেই পাপ – সকল পাপেরই প্রায়শ্চিত্ত কঠিন। তবে কি বিপ্রেতরবর্ণের পাপ হইতে মুক্তি নাই – পারত্রিক সুখ কি এতই দূর্ল্লভ? লোক কোথায় যাইবে? কি করিবে? এ ধর্ম্মশাস্ত্রপীড়া হইতে কে উদ্ধার করিবে? সর্ব্বসুখনিরোধকারী ব্রাহ্মণের হাত হইতে কে রক্ষা করিবে? ভারতবাসীকে কে জীবন দান করিবে?

তখন বিশুদ্ধাত্মা শাক্যসিংহ অনন্তকালস্থায়ী মহিমা বিস্তার পূর্ব্বক, ভারতাকাশে উদিত হইয়া, দিগন্তপ্রধাবিত রবে বলিলেন, "আমি উদ্ধার করিব। আমি তোমাদিগের উদ্ধারের বীজমন্ত্র দিতেছি, তোমরা সেই মন্ত্র সাধন কর। তোমরা সবই সমান। ব্রাহ্মণ শূদ্র সমান। মনুষ্যে মনুষ্যে সকলেই সমান। সকলেই পাপী, সকলেরই দ্ধার সদাচরণে। বর্ণবৈষম্য মিথ্যা। যাগ যজ্ঞ মিথ্যা। বেদ মিথ্যা, সূত্র মিথ্যা, ঐহিক সুখ মিথ্যা, কে রাজা, কে প্রজা, সব মিথ্যা। ধর্ম্মই সত্য। মিথ্যা ত্যাগ করিয়া সকলেই সত্যধর্ম্ম পালন কর।"

বৈষম্য-পীড়িত ভারত এ মহামন্ত্র শুনিয়া হিমগিরি হইতে মহাসমুদ্র পর্যন্ত বিচলিত হইল। বৌদ্ধধর্ম্ম ভারতবর্ষে প্রচলিত হইল – বর্ণবৈষম্য কতক দূর বিলুপ্ত হইল। প্রায় সহস্র বৎসর ভারতবর্ষে বৌদ্ধধর্ম্ম প্রচলিত রহিল। পুরাবৃত্তজ্ঞ ব্যক্তিরা জানে যে, সেই সহস্র বৎসরই ভারতবর্ষের প্রকৃত সৌষ্ঠবের সময়। যে সকল সম্রাট্ হিমালয় হইতে গোদাবরী পর্যন্ত্য বহুজনসমাকীর্ণ মহাসমৃদ্ধিশালিনী সহস্র সহস্র নগরীতে ভারতবর্ষ পরিপূরিত হইয়াছিল। এই সময়েই ভারতবর্ষের গৌরব পশ্চিমে রোমকে, পূর্ব্বে চীনে গীত হইয়াছিল – তদ্দেশীয় রাজারা ভারতবর্ষীয় সম্রাট্দিগের সহিত রাজনৈতিক সখ্যে বদ্ধ হইয়াছিলেন। এই সময়ে ভারতবর্ষীয় ধর্ম্মপ্রচারকেরা ধর্ম্মপ্রচারে যাত্রা করিয়া অর্দ্ধেক আশিয়া ভারতীয় ধর্ম্মে দীক্ষিত করিয়াছিলেন। শিল্পবিদ্যার যে এই সময়ে বিশেষ উন্নতি হইয়াছিল, তাহার প্রমাণ আছে। দর্শনশাস্ত্রের বিশেষ অনুশীলন

বৌদ্ধোদয়ের আনুষঙ্গিক বলিয়া বোধ হয়। বিজ্ঞান সাহিত্যের বিশেষ অনুশীলনের কালনিরূপণ করা কঠিন, কিন্তু শাক্যসিংহের সম্পাদিত ধর্ম্মবিপ্লবের সহিত যে, সে সকলের বিশেষ সম্বন্ধ আছে, তাহা প্রমাণ করা যাইতে পারে।

দ্বিতীয় সাম্যাবতার যিশুখ্রীষ্ট। যে সময়ে খ্রীষ্টধর্ম্মের প্রচার আরম্ভ হয়, তখন ইউরোপ ও পশ্চি আশয়া রোমক রাজ্যভূক্ত। রোমের সৌষ্ঠবদিবসের অপরাহ্ণ উপস্থিত। তখন রোম আর যুদ্ধবিশারদ বীরপ্রসবিনী নহে, অমিত ধনশালী ভোগাসক্ত ইন্দ্রিয়রবশ "বাবু"দিগের আবাস। যাহাদিগের আমোদ কেবল রণক্ষেত্রেই ছিল, তাঁহার এক্ষণে কেবল আহারে, দাসীসংসর্গে, এবং রঙ্গভূমের কৃত্রিম যুদ্ধে আমোদ প্রাপ্ত হইতে লাগিলেন। যে দেশবাৎসল্যগুণে নোম নাম জগদ্বিখ্যাত হইয়াছিল, তাহা অন্তর্হিত হইয়াছিল। যে সমসামাজিকতার জন্য আমরা রোমের প্রশংসা করিয়াছি, যে সমসামাজিকতার গুণে রোম পৃথিবীশ্বরী হইয়াছিল, তাহা লুপ্ত হইতে লাগিল। আমরা পূর্ব্বে রোমনগরীর কথা বলিয়াছি। এক্ষণে রোমক সাম্রাজ্যের কথা বলিতেছি। রোমকসাম্রাজ্যে চিরদাসত্বজনিত বৈষম্য সাংঘাতিক রোগস্বরূপ প্রবেশ করিয়ছিল। এক এক ব্যক্তি সহস্র সহস্র চিরদাস থাকিত। প্রভুর অকরণীয় সমূদায় কার্য্য সেই সকল দাসের দ্বারা হইত। ভূমিকর্ষণ, গার্হস্থ্য ভৃতের কার্য্য, শিল্পকার্য্যাদি চিরদাসগণের দ্বারা নির্ব্বাহ হইত। তাহার গোরু বাছুরের ন্যায় ক্রীত বিক্রীত হইত। গোরু বাছুরের উপর প্রভুর যেরূপ অধিকার, দাসের উপরও সেইরূপ অধিকার ছিল। প্রভু মারিলে মারিতে পারিতেন, কাটিলে কাতে পারিতেন, বধ করিলেও দণ্ডনীয় হইতেন না। প্রভুর আজ্ঞায় দাস রঙ্গভূমে অবতীর্ণ হইয়া সিংহ ব্যাঘ্রাদি পশুর সঙ্গে যুদ্ধ করিয়া প্রাণ হারাইত – প্রভু তামাসা দেখিতেন। রোমক সাম্রাজ্যের লোক দুই ভাগে বিভক্ত – প্রভু এবং দাস। এক ভাগ অনন্তভোগাসক্ত – আর এক ভাগ অনন্ত দুর্দ্দশাপন্ন।

কেবল এই বৈষম্য নহে। সম্রাট্ স্বেচ্ছাচারী। তাঁহার ক্ষমতা ও প্রতাপের সীমা ছিল না। নীরো, নগরে অগ্নি লাগাইয়া বীণাবাদনপূর্ব্বক রঙ্গ দেখিয়াছিলেন। কালিগুলা আপন অশ্বকে কনসলের পদে বরণ করিলেন। ইলিয়গেবলসের স্বেচ্ছাচারিতা বর্ণনা করিতে লজ্জা করে। যে

হউন না কেন, যত বড় লোক হউন না কেন, সম্রাটের ইচ্ছামাত্রে তিনি বধ্য, – বিনা কারণে, বিনা প্রয়োজনে, বিনা বিচারে, তিনি বধ্য। আবার সেই সম্রাটের উপর সম্রাট্ প্রেটরীয় সৈনিক। তাহারা আজ যাহাকে ইচ্ছা, তাহাকে সম্রাট্ করে – কাল সে সম্রাট্‌কে বধ করিয়া অন্যকে রাজা করে। রোমন সাম্রাজ্য তাহারা আলু পটলের মত ক্রয় বিক্রয় করে। রোমকে তাহারা যাহা মনে করে, তাহাই করে। সুবায় সুবায় সুবাদারেরা স্বেচ্ছাচারী। যাহার শক্তি আছে, সেই স্বেচ্ছাচারী। যেখানে স্বেচ্ছাচার প্রবল, সেখানে বৈষম্যও প্রবল।

এই সময় খ্রীষ্টধর্ম্ম রোমক সাম্রাজ্য মধ্যে প্রচারিত হইতে লাগিল। খ্রীষ্টের উচ্চারিত মহতী বাণী লোকের মর্ম্মভেধ করিয়া প্রবেশ করিতে লাগিল। তিনি বলিয়াছিলেন, মনুষ্যে মনুষ্যে ভ্রাতৃসম্বন্ধ। সকল মনুষ্যই ঈশ্বরসমক্ষে তুল। বরং যে পীড়িত, দুঃখী, কাতর, সেই ঈশ্বরের অধিক প্রিয়। এই মহাবাক্যে বড় মানুষের গর্ব্ব খর্ব্ব হইল – প্রভুর গর্ব্ব খর্ব্ব হইল – অঙ্গহীন ভিক্ষুকও সম্রাটের অপেক্ষা বড় হইল। তিনি বলিয়াছিলেন, ইহলোকে আমার রাজত্ব নহে – ঐহিক সুখ সুখ নহে – ঐহিক প্রাধান্য, প্রাধান্য নহে। পৃথিবীতে দুইবার দুইটি বাক্য উক্ত হইয়াছে, – তাহাই নীতিশাস্ত্রের সার – তদতিরিক্ত নীতি আর কিছুই নাই। একবার আর্য্যবংশীয় ব্রাহ্মণ গঙ্গাতীরে বলিয়াছিলেন, "আত্মবৎ সর্ব্বভূতেষু যঃ পশ্যতি স পণ্ডিতঃ"। দ্বিতীয়বার জেরুসালেমের পর্ব্বতশিখরে দাঁড়াইয়া য়ীহুদাবংশীয় যীশু বলিলেন, "অন্যের নিকট তুমি যে ব্যবহারের কামনা কর, অন্যের প্রতি তুমি সেই ব্যবহার করিও"। এই দুইটি বাক্যের ন্যায় মহৎ বাক্য ভূমণ্ডলে আর কখন উক্ত হইয়াছে কি না সন্দেহ। এই বাক্য সাম্যতত্ত্বের মূল।

এই সকল তত্ত্ব ধর্ম্মশাস্ত্রোক্তি বলিয়া পরিগৃহীত হইতে লাগিল, দাসের বন্ধনশৃঙ্খল মোচন হইতে লাগিল। ভোগাভিলাষী ভোগাভিলাষ ত্যাগ করিতে লাগিল। তৎপ্রসাদে রোমকে বর্ব্বরে মিলিত হইয়া, মহাতেজস্বী, উন্নতিশীল, যুদ্ধদুর্ম্মদ জাতি সকল সঞ্জাত হইল। তাহারাই আধুনিক উইরোপীয়দিগের পূর্ব্বপুরুষ। আধুনিক ইউরোপীয় সভ্যতার ন্যায় লৌকিক উন্নতি পৃথিবীতে কখন হয় নাই বা হইবে এমত ভরসা পূর্ব্বগামী মনুষ্যেরা কখন করেন নাই। ইহা যে কেবল খ্রীষ্ট ধর্ম্মের ফল, এমত নহে;

ইহার অনেক কারণ আছে – কিন্তু প্রধান কারণ খ্রীষ্টীয় নীতি এবং গ্রীক্ সাহিত্য এবং দর্শন। এবং খ্রীষ্ট ধর্ম্মে যে কেবল সুফলই ফলিয়াছে, এমত নহে। ইষ্ট এবং অনিষ্ট উভয়বিধ ফলই ফলিয়াছিল। খ্রীষ্ট ধর্ম্ম সাম্যাত্মক হইলেও পরিণামে তৎফলে একটি গুরুতর বৈষম্য জন্মিয়াছিল। ধর্ম্মযাজকদিগের অন্যন্ত প্রভুত্ব বৃদ্ধি হইয়াছিল। স্পেন, ফ্রান্স প্রভৃতি কয়েকটি ইউরোপীয় রাজ্যে এই বৈষম্য বড় গুরুতর হইয়াছিল। বিশেষ ফ্রান্সে তৎসহিত উচ্চ শ্রেণী এবং অধঃশ্রেণীর মধ্যে ঈদৃশ গুরুতর বৈষম্য জন্মিয়াছিল যে, সেই বৈষম্যের ফলে ফরাসী মহাবিপ্লব ঘটিয়াছিল। সেই মথিত সাগরের একজন মন্থনকর্ত্তা ছিলেন – তিনিই তৃতীয় বারের সাম্যতত্ত্ব প্রচারকর্ত্তা। তৃতীয় সাম্যাবতার রুসো।

দ্বিতীয় পরিচ্ছেদ

অষ্টাদশ শতাব্দীতে ফ্রান্স রাজ্যের যে অবস্থা ঘটিয়াছিল, তাহা বর্ণনীয় নহে। এই ক্ষুদ্র প্রবন্ধের মধ্যে তাহার বর্ণনার স্থান নাই – প্রয়োজন নাই। জগদ্বিখ্যাত, বাক্যবিশারদ, পুরাবৃত্তজ্ঞ, সূক্ষ্মদর্শী বহুসংখ্যক লেখক তাহার পুঞ্জ পুঞ্জ বর্ণনা করিয়াছেন। সেই সকল বর্ণনা সকলেরই অনায়াসপাঠ্য। দুই একটা বলিলেই আমাদিগের উদ্দেশ্য সাধন হইবে।
কার্লাইল ব্যঙ্গ করিয়া বলিয়াছেন যে, “যে আইন অনুসারে একজন ভূম্যধিকারী মৃগয়া হইতে আসিয়া দুই জন দাস বধ করিয়া তাহাদিগের রক্তে পদ প্রক্ষালন করিতে পারিতেন, সে আইন ইদানীং আর প্রচলিত ছিল না”। ইদানীং প্রচলিত ছিল না। তবে পূর্ব্বে ছিল।
“পঞ্চাশৎবৎসরমধ্যে শারলোয়ার ন্যায় কোন ব্যক্তি স্থপতিদিগকে গুলি করিয়া তাহারা কি প্রকারে ছাদের উপর হইতে গড়াইয়া পড়ে, দেখিয়া আনন্দ লাভ করে না।” সেরাজউদ্দৌল্লা দেশের অধিপতি ছিলেন; শারলোয়া উচ্চশ্রেণীর প্রজা মাত্র।

এই ব্যঙ্গোক্তিতেই তাৎকালিক ফরাসীদিগের মধ্যে কি অচিন্তনীয় বৈষম্য জন্মিয়াছিল, তাহা বুঝা যাইবে। পঞ্চদশ লুই প্রমোদানুরক্ত, বৃথাভোগাসক্ত, ব্যয়শৌণ্ড, স্বার্থপর রাজা ছিলেন। তাঁহার উপপত্নীগণের পরিতুষ্টির জন্য অনন্ত ধনরাশির আবশ্যক। মাদাম পোম্পাদুর ও মাতাম দুবারি যে ঐশ্বর্য্য ভোগ করিয়াছিলেন, তাহা পরিণীতা রাজমহিষীর নিষ্কলঙ্ক কপালেও ঘটে না। মাদাম দুবারির একটি বানরবৎ কাফ্রি খানসামা ছিল; সে এক স্থানে শাসনকর্ত্তৃত্বপদে নিযুক্ত হইয়াছিল – মাদামের আজ্ঞা! লুইর বিলাসভবনের বর্ণনা শুনিলে ইন্দ্রপ্রস্থের দৈবশক্তিনির্ম্মিতা পাণ্ডবীয়া পুরীর সঙ্গে তুলনা করা যায় – সেই সকল প্রমোদমন্দিরে যে উৎসব হইত, কিসের সঙ্গে তাহার তুলনা করিব? জলবৎ অর্থব্যয়, – এদিকে রাজকোষ শূন্য! রাজকোষ শূন্য, এবং প্রজাবর্গমধ্যে অন্নাভাবে হাহাকার রব আকাশমধ্যে উঠিতেছিল। রাজকোষ শূন্য – প্রজামধ্যে অন্নাভাব, হাহাকার রব – তবে এ সভাপর্ব্বের রাজসূয়, এ নন্দনকাননে ঐন্দ্র বিলাস – এ সকল অর্থসাধ্য ব্যাপার সম্পন্ন

হয় কোথা হইতে? সেই অন্নাভাবপীড়িত প্রজার জীবনোপায় অপহরণ করিয়া। পিষ্টকে পেষণ করিয়া – শুষ্ককে শোষণ করিয়া, দগ্ধকে দাহন করিয়া দুবারি কুলকলঙ্কিনীর অলকদাম রত্নরাজিতে শোভি হয়। আর বড় মানুষেরা? তাহারা এক কপর্দ্দক রাজকোষে অর্পণ করে না – কেবল রাজপ্রসাদ ভোগ করে। রাজপ্রসাদ অজস্র, অনন্ত, অপরিমিত – যে যত পায়, গ্রহণ করে, কেন না, তাহা পিষ্টপেষণলব্ধ। কিন্তু রাজপ্রসাদভোগীরা কপর্দ্দক মাত্র রাজকোষে দেয় না। বড় মানুষে কর দেয় না, ধর্ম্মযাজকেরা কর দেয় না, রাজপুরুষেরা কর দেয় না – কেবল দীন দুৎখী কৃষকেরা কর দেয়। তাহার উপর করসংগ্রাহকদিগের অত্যাচার। মিশালা বলেন, “কর আদায় এক প্রকার প্রণালীবদ্ধ যুদ্ধের ন্যায় ছিল। তাহার দ্বারা দুই লক্ষ নিষ্কর্ম্মা ভূমিকে প্রপীড়িত করিত। এই পঙ্গপালের রাশি, সর্ব্বগ্রাস, সর্ব্বনাশ করিত। এই প্রকারে পরিশোষিত প্রজাদিগের নিকট আরও আদায় করিতে হইলে, সুতরাং নিষ্ঠুর রাজব্যবস্থা, ভয়ঙ্কর দণ্ডবিধি, নাবিক দাসত্ব, ফাঁসিকাঠ, পীড়নযন্ত্র প্রভৃতির আবশ্যক হইল।” রাজকর ইজারা বন্দোবস্ত ছিল। ইজারাদারের এমন অধিকার ছিল যে, শস্ত্রাঘাতাদির দ্বারা রাজস্ব আদায় করে। তাহারা তজ্জন্য প্রজাবধ পর্যন্ত করিত। এক দিকে রমোদ্যান, বনবিহার, নৃত্যগীত, পরস্ত্রীর সহিত প্রণয়, হাস্যপরিহাস, অনন্ত প্রমোদ, চিন্তাশূন্যতা; – আর এক দিকে দারিদ্র্য, অনাহার, পীড়া, নিরপরাধে নাবিক দাসত্ব, ফাঁসিকাঠ, প্রাণবধ! পঞ্চদশ লুইর রাজ্যকালে ফ্রান্সদেশে এইরূপ গুরুতর বৈষম্য। এই বৈষম্য কদর্য্য, অপরিশুদ্ধ রাজশাসনপ্রণালীজনিত। রুসোর গুরুতর প্রহারে সেই রাজ্য ও রাজশাসনপ্রণালী ভগ্নমূল হইল। তাঁহার মানস শিষ্যেরা তাহা চূর্ণীকৃত করিল।

শাক্যসিংহ এবং যীশুখ্রীষ্ট পবিত্র সত্য কথা জগতে প্রচার করিয়াছিলেন। এজন্য মনুষ্যলোকে তাঁহারা যে দেবতা বলিয়া পূজিত, ইহা যথাযোগ্য। রুসো তাঁহাদের সমকক্ষ ব্যক্তি নহেরন। অবিমিশ্র বিমল সত্যই যে তাহা কর্ত্তৃক ভূমণ্ডলে প্রচারিত হইয়াছিল, এমত নহে। তিনি মহিমাময় লোকহিতকর নৈতিক সত্যের সহিত অনিষ্টকারক মিথ্যা মিশাইয়া, সেই মিশ্র পদার্থকে আপনার অদ্ভুত বাগিন্দ্রজালের গুণে লোকবিমোহিনী শক্তি দিয়া, ফরাসীদিগের হৃদয়াধিকারে প্রেরণ করিয়াছিলেন। একে কথাগুলি কালোপযোগিনী, তাহাতে রুশো বাক্‌শক্তিতে যথার্থ ঐন্দ্রজালিক, তাঁহার

প্রেরিত সংকথানুসারিণী ভ্রান্তিও ফরাসীদিগের জীবনযাত্রার একমাত্র বীজমন্ত্র বলিয়া গৃহীত হইল। সকল ফরাসী তাঁহার মানস শিষ্য হইল। তাহারা সেই শিক্ষার গুণে ফরাসীবিপ্লব উপস্থিত করিল।

রুসোরও মূল কথা, সাম্য প্রাকৃতিক নিয়ম। স্বাভাবিক অবস্থায় সকল মনুষ্য সমান। সভ্যতার ফলে বৈষম্য জন্মে, কিন্তু বৈষম্য জন্মে বলিয়া, রুসো সভ্যতাকে মনুষ্যজাতির গুরুতর অমঙ্গল বিবেচনা করেন। তিনি ইহাও স্বীকার করেন যে, মনুষ্যে মনুষ্যে নৈসর্গিক বৈষম্য দেখিতে পাওয়া যায়, কিন্তু সেও সভ্যতার দোষে – সভ্যতাজনিত ভোগাসক্তি পাপানুরক্তি এবং সূক্ষ্মাসূক্ষ্ম বিচারের ফল। অসভ্যাবস্থায় সকল মনুষ্যের সমভাবে শারীরিক পরিশ্রমের আবশ্যক হয়; এজন্য সকলেরই সমভাবে শরীরপুষ্টি হয়; নীরোগ শরীরের ফল নীরোগ মন। যখন মনুষ্যগণ বন্যাবস্থায়, কাননে কাননে মৃগয়া করিয়া বেড়াইত, বৃক্ষতলে বৃক্ষতলে নিদ্রা যাইত – অল্পমাত্র ভাষাশক্তিসম্পন্ন, এজন্য বাগ্বিদগ্ধ্য জানিত না; যে আকাঙ্ক্ষার নিবৃত্তি নাই, যে লোভের তৃপ্তি নাই, যে বাসনার পূরণ নাই, তাহার কিছুই জানিত না; ইহাকে ভালবাসিব, উহাকে বাসিব না; এ আপন, ও পর, এ স্ত্রী, ও পরস্ত্রী, এ সকল বুঝিত না – সেই অবস্থাকে স্বর্গীয় সুখ মনে করিয়া, মনুষ্যজাতিকে ডাকিয়া বলিয়াছেন, “এই অপূর্ব্ব চিত্র দেখ! ইহার সহিত এখনকার দুঃখপূর্ণ, পাপপূর্ণ সভ্যাবস্থার তুলনা কর!”

সেই মনুষ্যজন্ম গ্রহণ করে, সেই মনুষ্যমাত্রের সমান – নৈসর্গিক প্রকৃতিতে সমান, এবং সম্পত্তির অধিকারিত্বেও সমান। এই পৃথিবীর ভূমিতে রাজার যে প্রাকৃতিক অধিকার, ভিক্ষুকেরও সেই অধিকার। ভূমি সকলেরই – কাহারও নিজস্ব নহে। যখন বলবানে দুর্ব্বলকে অধিকারচ্যুত করিতে লাগিল, তখনই সমাজ সংস্থাপনের আরম্ভ হইল। সেই অপহরণের স্থায়িত্ববিধানের নাম আইন।

যে ব্যক্তি সর্ব্বাদৌ, কোন ভূমিখণ্ড চিহ্নিত করিয়া বলিয়াছিল, “ইহা আমার,” সেই সমাজকর্ত্তা। যদি কেহ তাহাকে উঠাইয়া দিয়া বলিত, “এ ব্যক্তি বঞ্চক, তোমরা উহার কথা শুনিও না, বসুন্ধরা কাহারও নহেন; তৎপ্রসূত শস্য সকলেরই।” সে মানবজাতির অশেষ উপকার করিত।

রুসোর এই সকল কথা অতি ভয়ানক। বল্‌টের শুনিয়া বলিয়াছিলেন, এ সকল বদমায়েসের দর্শনশাস্ত্র। এই সকল কথার অনুবর্ত্তী হইয়া রুসোর মানস শিষ্য প্রুধোঁ বলিয়াছেন যে, অপহরণেই নাম সম্পত্তি।

জগদ্বিখ্যাত Le Contrat Social নামক গ্রন্থে রুসো এই সকল মতের কিঞ্চিৎ পরিবর্ত্তন করিয়াছিলেন। সভ্যাবস্থার তাদৃশ দোষকীর্ত্তনে ক্ষান্ত হইয়াছিলেন। বলিয়াছিলেন যে, অসভ্যাবস্থায় যেখানে সহজ জ্ঞানে ধর্ম্ম নির্ণীত হয়, সভ্যাবস্থায় তৎপরিবর্ত্তে ন্যায়ানুভাবকতা সন্নিবেশিত হয়। সম্পতি সম্বন্ধে তিনি প্রথমাধিকারীকে অধিকারী বলিয়া স্বীকার করেন। কিন্তু অবস্থাবিশেষে মাত্র – প্রথম, যদি ভূমি পূর্ব্বে অধিকৃত না হইয়া থাকে; দ্বিতীয়, অধিকারী যদি আত্মভরণপোষণের উপযোগী মাত্র ভূমি অধিকার করে, তাহার অধিক না লয়, তৃতীয়, যদি নামমাত্র দখল নাইয়া, কর্ষণাদির দ্বারা দখল লওয়া হয়, তবে অধিকৃত ভূমি অধিকারীর সম্পত্তি।

Le Contrat Social গ্রন্থের স্থূলোদ্দেশ্য এই যে, সমাজ সমাজভুক্তদিগের সম্মতিসৃষ্ট। যেমন পাঁচ জন ব্যবসাদার মিলিয়া, পরস্পরে কতকগুলি নিয়মের দ্বারা বদ্ধ হইয়া, একটি জয়েন্ট ষ্টক কোম্পানী সৃষ্ট করেন, রুসোর মতে সমাজ, রাজ্য, শাসন, এ সকল সেইরূপে লোকের মঙ্গলার্থ লোকের দ্বারা সৃষ্ট। এ কথার ফল অতি গুরুতর। তোমায় আমায় চুক্তি হইয়াছে যে, তুমি আমর জমী চষিয়া দিবে, আমি তোমাকে খাইতে পরিতে দিব, এবং গৃহে স্থান দিব। তুমি যে দিন আমার ভূমিকর্ষণ বন্ধ করিলে, সেই দিন আমি তোমার গলদেশে হস্তার্পণ করিয়া গৃহ হইতে বাহির করিয়া দিলাম এবং গ্রাসাচ্ছাদন বন্ধ করিলাম। এই কার্য্য ন্যায়সঙ্গত হইল। তেমনি যদি রাজা প্রজার সম্বন্ধ কেবল চুক্তিমাত্র হয়, তবে প্রজা অত্যাচারী রাজাকে বলিতে পারে, "তুমি চুক্তি ভঙ্গ করিয়াছ। প্রজার মঙ্গল করিবে এই অঙ্গীকারে তুমি রাজা; তোমার কার্য্য আমাদের মঙ্গল করা, আমাদের কার্য্য তোমাকে করদান ও তোমার আজ্ঞাপালন। তুমি এখন আর আমাদের মঙ্গল কর না, অতএব আমরাও তোমাকে কর দিব না বা তোমার আজ্ঞাপালন করিব না। তুমি রত্নসিংহাসন হইতে অবতরণ কর।"

অতএব যে দিন Le Contrat Social প্রচারিত হইল, সেই দিন ফরাসী রাজার হস্তের রাজদণ্ড ভগ্ন হইল। Le Contrat Social গ্রন্থের চরম ফল ষোড়শ লুইর সিংহাসনচ্যুতি, এবং প্রাণদণ্ড। ফরাসীবিপ্লবে যাহা কিছু ঘটিয়াছিল, তাহার মূল এই গ্রন্থে। সেই যজ্ঞে বেদমন্ত্র, এই গ্রন্থোক্ত বাণী।

সেই ফরাসীবিপ্লবে, রাজা গেল, রাজকুল গেল, রাজপদ গেল, রাজনাম লুপ্ত হইল; সম্ভ্রান্ত লোকের সম্প্রদায় লুপ্ত হইল; পুরাতন খ্রীষ্টীয় ধর্ম্ম গেল, ধর্ম্মযাজকসম্প্রদায় গেল; মাস, বার প্রভৃতির নাম পর্য্যন্ত লুপ্ত হইল – অনন্তপ্রবাহিত শোণিতস্রোতে সকল ধুইয়া গেল। কালে আবার সকলই হইল, কিন্তু যাহা ছিল, তাহা আর হইল না। ফ্রান্স নূতন কলেবর প্রাপ্ত হইল। ইউরোপে নূতন সভ্যতার সৃষ্টি হইল – মনুষ্যজাতির স্থায়ী মঙ্গল সিদ্ধ হইল। রুসোর ভ্রান্ত বাক্যে অনন্তকালস্থায়িনী কীর্ত্তি সংস্থাপিতা হইল। কেন না, সেই ভ্রান্ত বাক্য সাম্যাত্মক – সেই ভ্রান্তির কায়া অর্দ্ধেক সত্যে নির্ম্মিত।

ফরাসীবিপ্লব শমিত হইল, তাহার উদ্দেশ্য সিদ্ধ হইল। কিন্তু "ভূমি সাধারণের" এই কথা বলিয়া রুসো যে মহাবৃক্ষের বীজ বপন করিয়াছিলেন, তাহার নিত্য নূতন ফল ফলিতে লাগিল। অদ্যাপি তাহার ফলে ইউরোপ পরিপূর্ণ। "কম্যুনিজম্" সেই বৃক্ষের ফল। "ইন্টারন্যাশনল" সেই বৃক্ষের ফল। এ সকলের যৎকিঞ্চিৎ পরিচয় দিব।

এ দেশে এবং অন্য দেশে সচরাচর সম্পত্তি ব্যক্তিবিশেষের। আমার বাড়ী, তোমার ভূমি, তাহার বৃক্ষ। কিন্তু ইহা ভিন্ন আর কোন প্রকার সম্পত্তি হইতে পারে না, এমত নহে। ব্যক্তিবিশেষের সম্পত্তি না হইয়া, সর্ব্বলোকসাধারণের সম্পত্তি হইতে পারে। এই সর্ব্বলোকপালিকা বসুন্ধরা কাহারও একার জন্য সৃষ্ট হয় নাই বা দশ পনের জন ভূম্যধিকারীর জন্য সৃষ্ট হয় নাই। অতএব ভূমির উপর সকলেরই সমান অধিকার থাকা কর্ত্তব্য। সর্ব্ববিঘ্নবিনাশিনী বাক্শক্তির বলে, এই কথা রুসো পৃথিবীর মধ্যে আদৃতা করাইয়াছিলেন। ক্রমে বিজ্ঞ, বিবেচক পণ্ডিতেরা সেই ভিত্তির উপর সম্পত্তিমাত্রেরই সাধারণতা স্থাপন করিবার মত সকল প্রচার করিতে লাগিলেন।

প্রথম মত এই যে, ভূমি এবং মূলধন, যাহার দ্বারা অন্য ধনের উৎপত্তি হইবে, তাহা সামাজিক সর্ব্বলোকের সাধারণ সম্পত্তি হউক। যাহা উৎপন্ন হইবে, তাহা সর্ব্বলোকে সমভাগে বণ্টন করিয়া লউক। ইহাতে বড় লোক ছোট লোক কোন প্রভেদ রহিল না; সকলেই সমান ভাবে পরিশ্রম করিবে। সকলেই সমান ভাগের ধনের অধিকারী। ইহাই প্রকৃত কম্যুনিজম্। ইহার প্রচারকর্ত্তা ওয়েন, লুই ব্লাং, এবং কাবে। কিন্তু সাধারণ কম্যুনিষ্ট, বহুশ্রমী এবং অল্পশ্রমী, কর্ম্মিষ্ঠ এবং অকর্ম্মিষ্ঠ, সকলকেই যেরূপ ধনের সমানভাগী করিতে চাহেন, লুই ব্লাং সে মতাবলম্বী নহেন। তিনি বলেন, শ্রমানুসারে ধনের ভাগ হওয়া কর্ত্তব্য। যে মত সেন্টসাইমনিজম্ বলিয়া বিখ্যাত, তাহার অভিপ্রায় এই যে, সকলেই যে সমভাবে ধনভোগী হইবে বা সকলেই এক প্রকার পরিশ্রম করিবে বা সকলেই সমান পরিশ্রম করিবে এমত নহে। যে যেমন পরিশ্রমের উপযুক্ত ও যে যে কার্য্যের উপযুক্ত, সে তেমনি পরিশ্রম করিবে ও সেইরূপ কার্য্যে নিযুক্ত হইবে। কার্য্যের গুরুত্ব, এবং কর্ম্মকারকের গুণানুসারে বেতন প্রদত্ত হইবে। যে যাহার যোগ্য, তাহাতে তাহাকে নিযুক্ত করিবার জন্য, যে প্রকারে পুরস্কৃত হইবে তাহা নিরূপণ এবং সর্ব্বপ্রকার তত্ত্বাবধারণ জন্য কতকগুলিন কর্ত্তৃপক্ষ থাকিবেন। ভূমি ও ধনোৎপাদক সামগ্রী সকল সাধারণের। ইত্যাদি।

ফুরীরিজম্ আর এক প্রকার সাধারণ সম্পত্তির পক্ষতা। কিন্তু এ সম্প্রদায়ের এমন মত নহে যে, ব্যক্তিবিশেষের সম্পত্তি থাকিতে পারিবে না। সম্পত্তির বৈশেষিকতা, এবং উত্তরাধিকারিতাও ইহাদের অনুমত। ইঁহারা বলেন যে, দুই সহস্র বা তদ্রূপ সংখ্যক লোক একতন্ত্র হইয়া ধনোৎপাদন করিবে। এইরূপ পৃথক্ পৃথক্ সম্প্রদায়ের দ্বারা ধনোৎপত্তি হইতে থাকিবে। তাহারা আপনাদিগের কর্ত্তৃপক্ষ আপনারা মনোনীত করিবে। মূলধনের পার্থক্য থাকিবে। উৎপন্ন ধনের মধ্য হইতে প্রথমে কিয়দংশ সমভাবে সকলকে বিতরিত হইবে। যে শ্রমে অপারগ, সেও তাহা পাইবে। যাহা অবশিষ্ট থাকিবে, শ্রমকারী, মূলধনাধিকারী, এবং কর্ম্মনিপুণদিগের মধ্যে কোন নিয়মিত পরিমাণে তাহা বিভক্ত হইবে। যে যেমন গুণবান্, সে তদুপযুক্ত পাইবে। ইত্যাদি।

ভূসম্পত্তির উত্তরাধিকারিত্ব সম্বন্ধে মৃত মহাত্মা জন ষ্টুয়ার্ট মিল্ যাহা বলিয়াছেন, তাহারও উল্লেখ করা আবশ্যক, কেন না, তাহাও সাম্যতত্ত্বের অন্তর্গত। যিনি উপার্জ্জনকর্ত্তা, উপার্জ্জিত সম্পত্তিতে তাঁহার যে সম্পূর্ণ অধিকার, ইহা মিল্ স্বীকার করেন। যে যাহা আপন পরিশ্রমে বা গুণে উপার্জ্জন করিয়াছেন, তাহা অপর্য্যাপ্ত হইলেও তাহার যাবজ্জীবন ভোগ্য এবং তাহার জীবনান্তেও যাহাকে ইচ্ছা, তাহাকে দিয়া যাইবার তাহার অধিকার আছে। কিন্তু যদি আপন জীবনান্তে সে কাহাকেও না দিয়া যায়, তবে তাহার ত্যক্ত সম্পত্তি একা ভোগ করিবার অধিকার কাহারও নাই। রাম যে সম্পত্তি উপার্জ্জন করিয়াছে, তাহাতে দশ সহস্র লোক প্রতিপালিত হইতে পারে; কিন্তু রাম উপার্জ্জন করিয়াছে বলিয়া সে নয় সহস্র নয় শত নিরানব্বই জনকে বঞ্চিত করিয়া, একা ভোগের অধিকারী বটে। জীবনান্তে স্বেচ্ছাক্রমে আপনার পুত্রকে বা অপরকে তাহাতে স্বত্ববান্ করিবারও তাহার অধিকার আছে। কিন্তু সে যদি কাহাকেও দিয়া না গেল, তবে কেবল ব্যবস্থার বলে, তাহার পুত্রও কেন একা অধিকারী হয়? অধিকার উপার্জ্জন কর্ত্তার, তাহার পুত্রের নহে। যেখানে অধিকারী বলিয়া যায় নাই যে, আমার পুত্র সকল ভোগ করিবে, সেখানে পুত্র অধিকারী নহে, সামাজিক লোক সকলেই সমান ভাবে অধিকারী।

তবে পিতা পুত্রকে এই দুঃখময় সংসারে আনিয়াছেন, এজন্য যাহাতে সে কষ্ট না পায়, সুশিক্ষিত হইয়া, অভাবাপন্ন না হইয়া, যাহাতে সে সুখে জীবনযাত্রা নির্ব্বাহ করিতে পারে, পিতার এরূপ উপায় করিয়া যাওয়া কর্ত্তব্য। পিতৃসম্পত্তির যে অংশ রাখিলে এই উদ্দেশ্য সিদ্ধ হয়, পুত্রের তাহা বিনা দানেও প্রাপ্য। কিন্তু তদধিক এক কড়াও তাহার প্রাপ্য নহে। মিল্ বলেন, জারজ পুত্রের অপেক্ষা অন্য পুত্রের কিছুমাত্র অধিকার নাই, – উভয়েই কেবল আত্মরক্ষার উপায়ের অধিকারী। কিন্তু এরূপ যাহা কিছু অধিকার, তাহা সন্তানের। পুত্রের অবর্ত্তমানে জ্ঞাতি প্রভৃতি মৃতের সর্ব্বসম্পত্তিতে একাধিকারী হওয়ার কিছুমাত্র ন্যায়সঙ্গত কারণ নাই। যাহার সন্তান আছে, তাহার ত্যক্ত সম্পত্তি হইতে সন্তানের আবশ্যকীয় ধন রাখিয়া, অবশিষ্ট জনসাধারণের অধিকার হওয়া কর্ত্তব্য। যাহার সন্তান নাই, তাহার সমুদয় সম্পত্তিতেই জনসাধারণের অধিকার হওয়া কর্ত্তব্য। বাস্তবিক উত্তরাধিকাররিত্বসম্বন্ধে ন্যায়ানুযায়ী ব্যবস্থা পৃথিবীর কোন রাজ্যে এ পর্য্যন্ত হয় নাই। বিলাতী ব্যবস্থার অপেক্ষা, আমাদের ধর্ম্মশাস্ত্র কিছু

ভাল; হিন্দুধর্ম্মশাস্ত্র অপেক্ষা সরা আরও ভাল। কিন্তু সকলই অন্যায়পূর্ণ। এক্ষণে বিধি পৃথিবীর সর্ব্বত্র চলিবে।

সাম্যতত্ত্বের শেষাংশও এই চিরস্মরণীয় মহাত্মার প্রচারিত। স্ত্রী পুরুষে সমান। এক্ষণে সুশিক্ষায়, বিজ্ঞানে, রাজকার্য্যে, বিবিধ ব্যবসায়ে একা পুরুষেই অধিকারী – স্ত্রীলোক অনধিকারিণী থাকিবে কেন? মিল্ বলেন, নারীজাতিও এ সকলের অধিকারী। তাহারা যে পারিবে না, উপযুক্ত নহে, এ সকল চিরপ্রচলিত লৌকিক ভ্রান্তি মাত্র। মিলের এ মত ইউরোপে গ্রাহ্য হইয়া, ফলে পরিণত হইতেছে। আমাদিগের দেশে এ সকল কথা প্রচারিত হইবার এখনও অনেক বিলম্ব আছে।

সাম্যতত্ত্বসম্বন্ধে সার কথা পুনর্ব্বার উক্ত করিতে হইল। মনুষ্যে মনুষ্যে সমান। কিন্তু এ কথার এমত উদ্দেশ্য নহে যে, সকল অবস্থার সকল মনুষ্যই, সকল অবস্থার সকল মনুষ্যের সঙ্গে সমান। নৈসর্গিক তারতম্য আছে; কেহ দুর্ব্বল, কেহ বলিষ্ঠ; কেহ বুদ্ধিমান্, কেহ বুধিহীন। নৈসর্গিক তারতম্যে সামাজিক তারতম্য অবশ্য ঘটিবে; যে বুদ্ধিমান্ এবং বলিষ্ঠ, সে আজ্ঞাদাতা; যে বুদ্ধিহীন এবং দুর্ব্বল, সে আজ্ঞাকারী অবশ্য হইবে। রুসোও এ কথা স্বীকার করিয়াছেন। কিন্তু সাম্যতত্ত্বের তাৎপর্য্য এই যে, সামাজিক বৈষম্য, নৈসর্গিক বৈষম্যের ফল, তাহার অতিরিক্ত বৈষম্য ন্যায়বিরুদ্ধ, এবং মনুষ্যজাতির অনিষ্টকর। যে সকল রাজনৈতিক ও সামাজিক ব্যবস্থা প্রচলিত আছে, তাহার অনেকগুলি এইরূপ অপ্রাকৃত বৈষম্যের কারণ। সেই ব্যবস্থাগুলির সংশোধন না হইলে, মনুষ্যজাতির প্রকৃত উন্নতি নাই। মিল্ এক স্থানে বলিয়াছেন, এক্ষণকার যত সুব্যবস্থা, তাহা পূর্ব্বতন কুব্যবহারসংশোধক মাত্র। ইহা সত্য কথা। কিন্তু সম্পূর্ণ সংশোধন কালসাপেক্ষ। তাই বলিয়া কেহ না মনে করেন যে, আমি জন্মগুণে বড় লোক হইয়াছি, অন্যে জন্মগুণে ছোট লোক হইয়াছে। তুমি যে উচ্চ কুলে জন্মিয়াছ, সে তোমার কোন গুণে নহে; অন্য যে নীচ কুলে জন্মিয়াছে, সে তাহার দোষে নহে। অতএব পৃথিবীর সুখে তোমার যে অধিকার, নীচকুলোৎপন্নেরও সেই অধিকার। তাহার সুখের বিঘ্নকারী হইও না; মনে থাকে যেন যে, সেও তোমার ভাই – তোমার সমকক্ষ। যিনি ন্যায়বিরুদ্ধ আইনের দোষে পিতৃসম্পত্তি প্রাপ্ত হইয়াছেন বলিয়া, দোর্দ্দণ্ড প্রচণ্ড প্রতাপান্বিত মহারাজাধিরাজ প্রভৃতি উপাধি ধারণ করেন,

তাঁহারও যেন স্মরণ থাকে যে, বঙ্গদেশের কৃষক পরাণ মণ্ডল তাঁহার সমকক্ষ, এবং তাঁহার ভ্রাতা। জন্ম, দোষগুণের অধীন নহে। তাহার অন্য কোন দোষ নাই। যে সম্পত্তি তিনি একা ভোগ করিতেছেন, পরাণ মণ্ডলও তাহার ন্যায়সঙ্গত অধিকারী।

তৃতীয় পরিচ্ছেদ

আমরা যদি পরাণ মণ্ডলের কথা পাড়িলাম, তবে তাহার দুঃখের পরিচয় কিঞ্চিৎ সবিস্তারে না দিয়া থাকিতে পারি না। জমীদারের ঐশ্বর্য্য সকলেই জানেন, কিন্তু যাঁহারা সম্বাদপত্র লিখিয়া, বক্তৃতা করিয়া বঙ্গসমাজের উদ্ধারের চেষ্টা করিয়া বেড়ান, তাঁহারা সকলে কৃষকের অবস্থা সবিশেষ অবগত নহেন। সাম্যতত্ত্ব বুঝাইতে গিয়া সে বৈষম্য না দেখাইলে কথা অসম্পূর্ণ থাকিয়া যায়। যে বসুন্ধরা কাহারও নহে, তাহা ভূম্যধিকারিবর্গ বণ্টন করিয়া লওয়াতে কি ফল ফলিতেছে, তাহা কিছু বলিতে হইল। যতক্ষণ জমীদার বাবু সাড়ে সাত মহল পুরীর মধ্যে রঙ্গিল সার্সীপ্রেরিত স্নিগ্ধালোকে স্ত্রী কন্যার গৌরকান্তির উপর হীরকদামের শোভা নিরীক্ষণ করিতেছেন, ততক্ষণ পরাণ মণ্ডল, পুত্রসহিত দুই প্রহরের রৌদ্রে, খালি মাথায়, খালি পায়, এক হাঁটু কাদার উপর দিয়া দুইটা অস্থিচর্ম্মাবিশিষ্ট বলদে ভোঁতা হালে তাঁহার ভোগের জন্য চাষকর্ম্ম নির্ব্বাহ করিতেছে। উহাদের এই ভাদ্রের রৌদ্রে মাথা ফাটিয়া যাইতেছে তৃষ্ণায় ছাতি ফাটিয়া যাইতেছে, তাহার নিবারণ জন্য অঞ্জলি করিয়া মাঠের কর্দ্দম পান করিতেছে; ক্ষুধায় প্রাণ যাইতেছে, কিন্তু এখন বাড়ী গিয়া আহার করা হইবে না, এই চাষের সময়। সন্ধ্যাবেলা গিয়া উহারা ভাঙ্গা পাতরে রাঙ্গা রাঙ্গা বড় বড় ভাত, লুণ লঙ্কা দিয়া আধপেটা খাইবে। তাহার পর ছেঁড়া মাদুরে, না হয়, ভূমে, গোহালের এক পাশে শয়ন করিবে – উহাদের মশা লাগে না। তাহার পরদিন প্রাতে আবার সেই একহাঁটু কাদায় কাজ করিতে যাইবে – যাইবার সময়, হয় জমীদার, নয় মহাজন, পথ হইতে ধরিয়া লইয়া গিয়া দেনার জন্য বসাইয়া রাখিবে, কাজ হইবে না। নয়ত, চষিবার সময় জমীদার জমীখানি কাড়িয়া লইবে, তাহা হইলে সে বৎসর কি করিবে? উপবাস – সপরিবারে উপবাস!

পৌষ মাসে ধান কাটিয়াই কৃষকে পৌষের কিস্তি খাজানা দিল। কেহ কিস্তি পরিশোধ করিল – কাহার বাকি রহিল। ধান পালা দিয়া, আছড়াইয়া, গোলায় তুলিয়া, সময়মত হাটে লইয়া গিয়া, বিক্রয় করিয়া, কৃষক সম্বৎসরের খাজানা পরিশোধ করিতে চৈত্র মাসে জমীদারের

কাছারিতে আসিল। পরাণ মণ্ডলের পৌষের কিস্তি পাঁচ টাকা, চারি টাকা দিয়াছে, এক টাকা বাকি আছে। আর চৈত্রের কিস্তি তিন টাকা। মোটে চারি টাকা সে দিতে আসিয়াছে। গোমস্তা হিসাব করিতে বসিলেন। হিসাব করিয়া বলিলেন, "তোমার পৌষের কিস্তির তিন টাকা বাকি আছে" পরাণ মণ্ডল অনেক চীৎকার করিল – দোহাই পাড়িল – হয় ত দাখিলা দেখাইতে পারিল, নয় ত না। হয় ত গোমস্তা দাখিলা দেয় নাই, নয় ত চারি টাকা লইয়া, দাখিলায় দুই টাকা লিখিয়া দিয়াছে। যাহা হউক, তিন টাকা বাকি স্বীকার না করিলে সে আখিরি কবচ পায় না। হয় ত তাহা না দিলে গোমস্তা সেই তিন টাকাকে তের টাকা করিয়া নালিশ করিবে। সুতরাং পরাণ মণ্ডল তিন টাকা বাকি স্বীকার করিল। মনে কর, তিন টাকাই তাহার যথার্থ দেনা। তখন গোমস্তা সুদ কষিল। জমিদারী নিরিক টাকায় চারি আনা। তিন বৎসরেও চারি আনা, এক মাসেরও চার আনা। তিন টাকা বাকির সুদ ৸০ আনা। পরাণ তিন টাকা বার আনা দিল। পরে চৈত্রের কিস্তি তিন টাকা দিল। তাহার পর গোমস্তার হিসাবানা। তাহা টাকায় দুই পয়সা। পরাণ মণ্ডল ৩২৲ টাকার জমা রাখে। তাহাকে হিসাবানা ১৲ টাকা দিতে হইল। তাহার পর পার্ব্বণী। নাএব, গোমস্তা, তহশীলদার, মুহুরি, পাইক, সকলেই পার্ব্বণীর হকদার। মোটের উপর পড়তা গ্রাম হইতে এত টাকা আদায় হইল। সকলে ভাগ করিয়া লইলেন। পরাণ মণ্ডলকে তজ্জন্য আর দুই টাকা দিতে হইল।

এ সকল দৌরাত্ম্য জমীদারের অভিপ্রায়ানুসারে হয় না, তাহা স্বীকার করি। তিনি ইহার মধ্যে ন্যায্য খাজানা এবং সুদ ভিন্ন আর কিছুই পাইলেন না, অবশিষ্ট সকল নায়েব গোমস্তার উদরে গেল। সে কাহার দোষ? জমীদার যে বেতনে দ্বারবান্ রাখেন, নায়েবেরও সেই বেতন; গোমস্তার বেতন খানসামার বেতন অপেক্ষা কিছু কম। সুতরাং এসব না করিলে তাহাদের দিনপাত হয় কি প্রকারে? এ সকল জমীদারের আজ্ঞানুসারে হয় না বটে, কিন্তু তাঁহার কার্পণ্যের ফল। প্রজার নিকট হইতে তাঁহার লোকে আপন উদরপূর্ত্তির জন্য অপহরণ করিতেছে, তাহাতে তাঁহার ক্ষতি কি? তাঁহার কথা কহিবার কি প্রয়োজন আছে?

তাহার পর আষাঢ় মাসে নববর্ষের শুভ পুণ্যাহ উপস্থিত। পরাণ পুণ্যাহের কিস্তিতে দুই টাকা খাজানা দিয়া থাকে। তাহা ত সে দিল, কিন্তু সে কেবল

খাজানা। শুভ পুণ্যাহের দিনে জমীদারকে কিছু নজর দিতে হইবে। তাহাও দিল। হয় ত জমীদারেরা অনেক শরিক, প্রত্যেককে পৃথক্ পৃথক্ নজর দিতে হইবে। তাহাও দিল। তাহার পর নায়েব মহাশয় আছেন – তাঁহাকেও কিছু নজর দিতে হইবে। তাহাও দিল। পরে গোমস্তা মহাশয়েরা। তাঁহাদের ন্যায্য পাওনা – তাঁহারাও পাইলেন। যে প্রজার অর্থ নজর দিতে দিতে ফুরাইয়া গেল – তাহার কাছে বাকি রহিল। সময়ান্তরে আদায় হইবে।

পরাণ মণ্ডল সব দিয়া থুইয়া ঘরে গিয়া দেখিল, আর আহারের উপায় নাই। এদিকে চায়ের সময় উপস্থিত। তাহার খরচ আছে। কিন্তু ইহাতে পরাণ ভীত নহে। এ ত প্রতি বৎসরেই ঘটিয়া থাকে। ভরসা, মহাজন। পরাণ মহাজনের কাছে গেল। দেড়ী সুদে ধান লইয়া আসিল। আবার আগামী বৎসর তাহা সুদ সমেত শুধিয়া নিঃস্ব হইবে। চাষা চিরকাল ধার করিয়া খায়, চিরকাল দেড়ী সুদ দেয়। ইহাতে রাজার নিঃস্ব হইবার সম্ভাবনা, চাষা কোন ছার! হয় ত জমীদার নিজেই মহাজন। গ্রামের মধ্যে তাঁহার ধানের গোলা ও গোলাবাড়ী আছে। পরাণ সেইখান হইতে ধান লইয়া আসিল। এরূপ জমীদারের ব্যবসায় মন্দ নহে। স্বয়ং প্রজার অর্থাপহরণ করিয়া, তাহাকে নিঃস্ব করিয়া, পরিশেষে কর্জ্জ দিয়া তাহার কাছে দেড়ী সুদ ভোগ করেন। এমত অবস্থায় যত শীঘ্র প্রজার অর্থ অপহৃত করিতে পারেন, ততই তাঁহার লাভ।

সকল বৎসর সমান নহে। কোন বৎসর উত্তম ফসল জন্মে, কোন বৎসর জন্মে না। অতিবৃষ্টি আছে, অনাবৃষ্টি আছে, বন্যা আছে, পঙ্গপালের দৌরাত্ম্য আছে, অন্য কীটের দৌরাত্ম্যও আছে। যদি ফসলের সুলক্ষণ দেখে, তবেই মহাজন কর্জ্জ দেয়; নচেৎ দেয় না। কেন না, মহাজন বিলক্ষণ জানে যে, ফসল না হইলে কৃষক ঋণ পরিশোধ করিতে পারিবে না। তখন কৃষক নিরুপায়। অন্নাভাবে সপরিবারে প্রাণে মারা যায়। কখন ভরসার মধ্যে বন্য অখাদ্য ফলমূল, কখন ভরসা "রিলিফ", কখন ভিক্ষা, কখন ভরসা কেবল জগদীশ্বর। অল্পসংখ্যক মহাত্মা ভিন্ন কোন জমীদারই এমন দুঃসময়ে প্রজার ভরসাস্থল নহে। মনে কর, সে বার সুবৎসর। পরাণ মণ্ডল কর্জ্জ পাইয়া দিনপাত করিতে লাগিল।

পরে ভাদ্রের কিস্তি আসিল। পরাণের আর কিছু নাই, দিতে পারিল না। পাইক, পিয়াদা, নগদী, হালশাহানা, কোটাল বা তদ্রুপ কোন নামধারী মহাত্মা তাগাদায় আসিলেন। হয়ত ত কিছু করিতে না পারিয়া, ভাল মানুষের মত ফিরিয়া গেলেন। নয় ত পরাণ কর্জ্জ করিয়া টাকা দিল। নয় ত পরাণের দুর্ব্বুদ্ধি ঘটিল – সে পিয়াদার সঙ্গে বচসা করিল। পিয়াদা ফিরিয়া গিয়া গোমস্তাকে বলিল, "পরাণ মণ্ডল আপনাকে শ্যালা বলিয়াছে।" তখন পরাণকে ধরিতে তিন জন পিয়াদা ছুটিল। তাহারা পরাণকে মাটি ছাড়া করিয়া লইয়া আসিল। কাছারিতে আসিয়াই পরাণ কিছু সুসভ্য গালিগালাজ শুনিল – শরীরেও কিছু উত্তম মধ্যম ধারণ করিল। গোমস্তা তাহার পাঁচগুণ জরিমানা করিলেন। তাহার উপর পিয়াদার রোজ। পিয়াদাদিগের প্রতি হুকুম হইল, উহাকে বসাইয়া রাখিয়া আদায় কর। যদি পরাণের কেহ হিতৈষী থাকে, তবে টাকা দিয়া খালা করিয়া আনিল। নচেৎ পরাণ একদিন, দুই দিন, তিন দিন, পাঁচ দিন, সাত দিন, কাছারিতে রহিল। হয় ত, পরাণের মা কিম্বা ভাই, থানায় গিয়া এজেহার করিল। সব্ ইন্‌স্পেক্‌টর মহাশয় কয়েদ খালাসের জন্য কনষ্টেবল পাঠাইলেন। কনষ্টেবল সাহেব – দিন দুনিয়ার মালিক – কাছারিতে আসিয়া জাকিঁয়া বসেলন। পরাণ তাঁহার কাছেই বসিয়া – একটু কাঁদাকাটা আরম্ভ করিল। কনষ্টেবল সাহেব একটু ধূমপান করিতে লাগিলেন – কিন্তু "কয়েদ খালাসের" কোন কথা নাই। তিনিও জমীদারের বেতনভুক্ – বৎসরে দুই তিন বার পার্ব্বণী পান, বড় উড়িবার বল নাই। সে দিনও সর্ব্বসুখময় পরমপবিত্রমূর্ত্তি রৌপচক্রের দর্শন পাইলেন। এই আশ্চর্য্য চক্র দৃষ্টিমাত্রেই মনুষ্যের হৃদয়ে আনন্দরসের সঞ্চার হয় – ভক্তি প্রীতির উদয় হয়। তিনি গোমস্তার প্রতি প্রীত হইয়া থানায় গিয়া প্রকাশ করিলেন, "কেহ কয়েদ ছিল না। পরাণ মণ্ড ফেরেব্বাজ লোক – সে পুকুর ধারে তালতলায় লুকাইয়া ছিল – আমি ডাক দিবামাত্র সেখান হইতে আসিয়া আমাকে দেখা দিল।" মোকদ্দমা ফাঁসিয়া গেল।

প্রজা ধরিয়া লইয়া গিয়া, কাছারিতে আটক রাখা, মারপিট করা, জরিমানা করা, কেবল খাজানা বাকির জন্য হয়, এমত নহে। যে সে কারণে হয়। আজি গোপাল মণ্ডল গোমস্তা মহাশয়কে কিঞ্চিৎ প্রণামী দিয়া লালিশ করিয়াছে যে, "পরাণ আমাকে লইয়া খায় না" – তখনই পরাণ ধৃত হইয়া আসিল। আজি নেপাল মণ্ডল ঐরূপ মঙ্গলাচরণ করিয়া নালিশ করিল যে,

"পরাণ আমার ভগিনীর সঙ্গে প্রসক্তি করিয়াছে" – অমনি পরাণ গ্রেপ্তার হইয়া আবদ্ধ হইল। আজি সংবাদ আসিল, পরাণে বিধবা ভ্রাতৃবধূ গর্ব্ভবতী হইয়াছে – অমনি পরাণকে ধরিতে লোক ছুটিল। আজ পরাণ জমীদারের হইয়া মিথ্যা সাক্ষ্য দিতে নারাজ, অমনি তাহাকে ধরিতে লোক ছুটিল।

গোমস্তা মহাশয়, পরাণের কাছে টাকা আদায় করিয়াই হউক বা জামিন লইয়াই হউক বা কিস্তিবন্দী করিয়াই হউক বা সময়ান্তরে বিহিত করিবার আশায়ই হউক বা পুনর্ব্বার পুলিশ আসার আশঙ্কায়ই হউক বা বহুকাল আবদ্ধ রাখার কোন ফল নাই বলিয়াই হউক, পরাণ মণ্ডলকে ছাড়িয়া দিলেন। পরাণ ঘরে গিয়া চাষ-আবাদের প্রবৃত্ত হইল। উত্তম ফসল জন্মিল। অগ্রহায়ণ মাসে জমীদারের দৌহিত্রীর বিবাহ বা ভ্রাতুষ্পুত্রের অন্নপ্রাশন। বরাদ্দ দুই হাজার টাকা। মহলে মাঙ্গন চড়িল। সকল প্রজা টাকার উপর ।০ আনা দিবে। তাহাতে পাঁচ হাজার টাকা উঠিবে। দুই হাজার অন্নপ্রাশনের খরচ লাগিবে – তিন হাজার জমীদারের সিন্দুকে উঠিবে।

যে প্রজা পারিল, সে দিল – আর পরাণ মণ্ডলের আর কিছুই নাই – সে দিতে পারিল না। জমীদারী হইতে পূরা পাঁচ হাজার টাকা আদায় হইল না। শুনিয়া জমীদার স্থির করিলেন, একবার স্বয়ং মহালে পদার্পণ করিবেন। তাঁহার আগমন হইল – গ্রাম পবিত্র হইল।

তখন বড় বড় কালো কালো পাঁটা আনিয়া মণ্ডলেরা কাছারির দ্বারে বাঁধিয়া যাইতে লাগিল। বড় বড় জীবন্ত রুই, কাতলা, মৃগাল উঠানে পড়িয়া ল্যাজ আছড়াইতে লাগিল। বড় বড় কালো কালো বার্ত্তাকু, গোল আলু, কপি, কলাইসুঁটিতে ঘর পূরিয়া যাইতে লাগিল। দধি দুগ্ধ ঘৃত নবনীতের ত কথা নাই। প্রজাদিগের ভক্তি অচলা, কিন্তু বাবুর উদর তেমন নহে। বাবুর কথা দূরে থাকুক, পাইক পিয়াদার পর্য্যন্ত উদরাময়ের লক্ষণ দেখা যাইতে লাগিল।

কিন্তু সে সকল ত বাজে কথা। আসল কথা, জমীদারকে "আগমনী", "নজর", বা "সেলামী' দিতে হইবে। আবার টাকার অঙ্কে ৵০ বসিল। কিন্তু

সকলে এত পারে না। যে পারিল, সে দিল। যে পারিল না, সে কাছারিতে কয়েদ হইল, অথবা তাহার দেনা বাকির সামিল হইল।

পরাণ মণ্ডল দিতে পারিল না। কিন্তু তাহার ক্ষেত্রে উত্তর ফসল হইয়াছে। তাহাতে গোমস্তার চোখ পড়িল। তিনি আট আনার ষ্ট্যাম্প খরচ করিয়া, উপযুক্ত আদালতে "ক্রোক সহায়তার" প্রার্থনায় দরখাস্ত করিলেন। দরখাস্তে র তাৎপর্য্য এই, "পরাণ মণ্ডলের নিকট খাজানা বাকি, আমরা তাহার ধান্য ক্রোক করিব। কিন্তু পরাণ বড় দাঙ্গাবাজ লোক, ক্রোক করিলে দাঙ্গা হাঙ্গামা খুন জখম করিবে বলিয়া লোক জমায়ত করিয়াছে। অতএব আদালত হইতে পিয়াদা মোকরর হউক।" গোমস্তা নিরীহ ভাল মানুষ, কেবল পরাণ মণ্ডলের যত অত্যাচার। সুতরাং আদালত হইতে পিয়াদা নিযুক্ত হইল। পিয়াদা ক্ষেত্রে উপস্থিত হইয়াই মায়াময় রৌপ্যচক্রের মায়ায় অভিভূত হইল। দাঁড়াইয়া থাকিয়া পরাণের ধানগুলিন কাটাইয়া জমীদারের কাছারিতে পাঠাইয়া দিল। ইহার নাম "ক্রোক সহায়তা"।

পরাণ দেখিল সর্ব্বস্ব গেল। মহাজনের ঋণও পরিশোধ করিতে পারিব না, জমীদারের খাজানাও দিতে পারিব না, পেটেও খাইতে পাইব না। এত দিন পরাণ সহিয়াছিল – কুমীরের সঙ্গে বাদ করিয়া জলে বাস করা চলে না। পরাণ মণ্ডল শুনিল যে, ইহার জন্য নালিশ চলে। পরাণ নালিশা করিয়া দেখিবে। কিন্তু সে ত সোজা কথা নহে। আদালত এবং বারাঙ্গনার মন্দির তুল্য; অর্থ নহিলে প্রবেশের উপায় নাই। ষ্ট্যাম্পের মূল্য চাই; উকীলের ফিস্ চাই; আসামী সাক্ষীর তলবানা চাই; সাক্ষীর খোরাকি চাই; সাক্ষীদের পারিতোষিক আছে; হয়ত আমীন খরচা লাগিবে। এবং আদালতের পিয়াদা ও আমলাবর্গ কিছু কিছুর প্রত্যাশা রাখেন। পরাণ নিঃস্ব। – তথাপি হাল বলদ ঘটি বাটি বেচিয়া আদালতে নালিশ করিল। ইহার অপেক্ষ তাহার গলায় দড়ি দিয়া মরা ভাল ছিল।

অমনি জমীদারের পক্ষ হইতে পালটা নালিশ হইল যে, পরাণ মণ্ড ল ক্রোক অদুল করিয়া সকল ধান কাটিয়া লইয়া বিক্রয় করিয়াছে। সাক্ষীরা সকল সজীদারের প্রজা – সুতরাং জমীদারের বশীভূত; স্নেহে নয় – ভয়ে বশীভূত। সুতাং তাঁহার পক্ষেই সাক্ষ দিল। পিয়াদা মহাশয় রৌপ্যমন্ত্রের

সেই পথবর্ত্তী। সকলেই বলিল, পরাণ ক্রোক অদুল করিয়া ধান কাটিয়া বেচিয়াছে। জমীদারের নালিশ ডিক্রী হইল, পুরাণের নালিশ ডিস্মিস্ হইল। ইহাতে পরাণের লাভ প্রথমতঃ, জমীদারকে ক্ষতিপূরণ দিতে হইল, দ্বিতীয়তঃ, দুই মোকদ্দমাতেই জমীদারের খরচা দিতে হইল, তৃতীতঃ দুই মোকদ্দমাতেই নিজের খরচা ঘর হইতে গেল।

পরাণের আর এক জয়সা নাই, কোথা হইতে এত টাকা দিবে? যদি জমি বেচিয়া দিতে পারিল, তবে দিল; নচেৎ জেলে গেল; অথবা দেশত্যাগ করিয়া পলায়ন করিল।

আমরা এমত বলি না যে, এই অত্যাচারগুলিন সকলই একজন প্রজার প্রতি এক বৎসর মধ্যে হইয়া থাকে বা সকল জমীদারই এরূপ করিয়া থাকেন। তাহা হইলে দেশ রক্ষা হইত না। পরাণ মণ্ডল কল্পিত ব্যক্তি – একটি কল্পিত প্রজাকে উপলক্ষ্য করিয়া, প্রজার উপর সচরাচর অত্যাচার-পরায়ণ জমীদারের যত প্রকার অত্যাচার করিয়া থাকেন, তাহা বিবৃত করাই আমাদের উদ্দেশ্য। আজি একজনের উপর একরূপ, কাল অন্য প্রজার উপর অনুরূপ পীড়ন হইয়া থাকে।

জমীদারদিগের সকল প্রকার দৌরাত্ম্যের কথা যে বলিয়া উঠিতে পারিয়াছি, এমত নহে। জমীদারবিশেষে, প্রদেশবিশেষে, সময়বিশেষে যে কত রকমে টাকা আদায় করা হয়, তাহার তালিকা করিয়া সমাপ্ত করা যায় না। সর্ব্বত্র এক রকম নহে; এক স্থানে সকলের এক নিয়ম নহে; অনেকের কোন নিয়মই নাই, যখন যাহা পারেন, আদায় করেন।

এক্ষণে জমীদারদিগের পক্ষে কয়েকটি কথা বলিবার প্রয়োজন আছে।

প্রথমতঃ, আমরা পূর্ব্বেই বলিয়াছি যে, সকল জমীদার অত্যাচারী নহেন। দিন দিন অত্যাচারপরায়ণ জমীদারের সংখ্যা কমিতেছে। কলিকাতাস্থ সুশিক্ষিত ভূস্বামীদিগের কোন অত্যাচার নাই – যাহা আছে, তাহা তাঁহাদিগের অজ্ঞাতে এবং অভিমতবিরুদ্ধে, নায়েব গোমস্তাগণের দ্বারায় হয়। মফঃস্বলেও অনেক সুশিক্ষিত জমীদার আছেন, তাঁহাদিগেরও প্রায় ঐরূপ। বড় বড় জমীদারদিগের অত্যাচার তত অধিক নহে; – অনেক বড়

বড় ঘরে অত্যাচার একেবারে নাই। সামান্য সামান্য ঘরেই অত্যাচার অধিক। যাঁহার জমীদারী হইতে লক্ষ টাকা আইসে – অধর্ম্মাচরণ করিয়া প্রজাদিগের নিকট আর পঁচিশ হাজার টাকা লইবার জন্য তাঁহার মনে প্রবৃত্তি দুর্ব্বলা হইবারই সম্ভাবনা, কিন্তু যাঁহার জমীদারী হইতে বার মাসে বার শত আসে না, অথচ জমীদারী চাল চলনে চলিতে হইবে, তাঁহার মারপিট করিয়া আর কিছু সংগ্রহ করিবার ইচ্ছা সুতরাং বলবতী হইবে। আবার যাঁহারা নিজে জমীদার, আপন প্রজার নিকট খাজানা আদায় করেন, তাঁহাদের অপেক্ষা পত্তনীদার, দরপত্তনীদার, ইজারাদারের দৌরাত্ম্য অধিক। আমরা সংক্ষেপানুরোধে উপরে কেবল জমীদার শব্দ ব্যবহার করিয়াছি। জমীদার অর্থে করগ্রাহী বুঝিতে হইবে। ইঁহারা জমীদারকে জমীদারের লাভ দিয়া তাহার উপর লাভ করিবার জন্য ইজারা পত্তনি গ্রহণ করেন, সুতরাং প্রজার নিকট হইতেই তাঁহাদিগকে লাভ পোষাইয়া লইতে হইবে। মধ্যবর্ত্তী তালুকের সৃজন প্রজার পক্ষে বিষম অনিষ্টকর।

দ্বিতীয়তঃ আমরা যে সকল অত্যাচার বিবৃত করিয়াছি, তাহার অনেকেই জমীদারে অজ্ঞাতে, কখন বা অভিমতবিরুদ্ধে, নায়েব গোমস্তা প্রভৃতি দ্বারা হইয়া থাকে। প্রজার উপর যে কোনরূপ পীড়ন হয়, অনেকেই তাহা জানেন না।

তৃতীয়তঃ, অনেক জমীদারীর প্রজাও ভাল নহে। পীড়ন না করিলে খাজানা দেয় না। সকলের উপর নালিশ করিয়া খাজানা আদায় করিতে গেলে জমীদারের সর্ব্বনাশ হয়। কিন্তু এতৎসম্বন্ধে ইহাও বক্তব্য যে, প্রজার উপর আগে অত্যাচার না হইলে, তাহারা বিরুদ্ধভাব ধারণ করে না।

যাঁহারা জমীদারদিগকে কেবল নিন্দা করেন, আমরা তাঁহাদিগের বিরোধী। জমীদারদিগের দ্বারা অনেক সৎকার্য্য অনুষ্ঠিত হইতেছে। গ্রামে গ্রামে যে এক্ষণে বিদ্যালয় সংস্থাপিত হইতেছে, আপামর সাধারণ সকলেই যে আপন আপন গ্রামে বসিয়া বিদ্যোপার্জ্জন করিতেছে, ইহা জমীদারদিগের গুণে। জমীদারেরা অনেক স্থানে চিকিৎসালয়, রথ্যা, অতিথিশালা ইত্যাদি সৃজন করিয়া সাধারণের উপকার করিতেছেন। আমাদিগের দেশে

লোকের জন্য যে ভিন্ন জাতীয় রাজপুরুষদিগের সমক্ষে দুটো কথা বলে, সে কেবল জমীদারের ব্রিটিশ ইণ্ডিয়ান এসোসিএশান – জমীদারদের সমাজ। অতএব জমীদারদিগের কেবল নিন্দা করা, অতি অন্যায়পরতার কাজ। এই সম্প্রদায়ভুক্ত কোন কোন লোকের দ্বারা যে প্রজাপীড়ন হয়, ইহাই তাঁহাদের লজ্জাজনক কলঙ্ক। এই কলঙ্ক অপনীত করা, জমীদারদিগের হাত। যদি কোন পরিবারে পাঁচ ভাই থাকে, তাহার মধ্যে দুই ভাগ দুশ্চরিত্র হয়, তবে আর তিন জনে দুশ্চরিত্র ভ্রাতৃদ্বয়ের চরিত্র সংশোধন জন্য যত্ন করেন। জমীদার সম্প্রদায়ের প্রতি আমাদের বক্তব্য এই যে, তাঁহারাও সেইরূপ করুন। সেই কথা বলিবার জন্যই আমাদের এ প্রবন্ধ লেখা। আমরা রাজপুরুষদিগকে জানাইতেছি না – জনসমাজকে জানাইতেছি না। জমীদারদিগের কাছেই আমাদের নালিশ। ইহা তাঁহাদিগের অসাধ্য নহে। সকল দণ্ড অপেক্ষা আপন সম্প্রদায়ের বিরাগ, আপন সম্প্রদায়ের মধ্যে অপমান সর্ব্বাপেক্ষা গুরুতর, এবং কার্য্যকরী। যত কুলোক চুরি করিতে ইচ্ছুক হইয়া চৌর্য্যে বিরত, তাহাদের মধ্যে অধিকাংশই প্রতিবাসীদিগের মধ্যে চোর বলিয়া ঘৃণিত হইবার ভয়ে চুরি করে না। এই দণ্ড যত কার্য্যকরী, আইনের দণ্ড তত নহে। জমীদারের পক্ষে এই দণ্ড জমীদারেরই হাত। অপর জমীদারের নিকট ঘৃণিত, অপমানিত ও সমাজচ্যুত হইবার ভয় থাকিলে অনেক দুর্ব্বৃত্ত জমীদার দুর্ব্বৃত্তি ত্যাগ করিবে।

চতুর্থ পরিচ্ছেদ

এ দেশীয় কৃষকদিগের এ দুর্দ্দশা কিসে হইল? এ ঘোরতর সামাজিক বৈষম্য কোথা হইতে জন্মিল? সাম্য নীতি বুঝাইবার জন্য আমরা তাহা সবিস্তারে বলিতেছি।
ইহা অবশ্য স্বীকার করিতে হইবে যে, বঙ্গদেশের কৃষকের দুর্দ্দশা আজি কালি হয় নাই। ভারতবর্ষীয় ইতর লোকের অনুন্নতি ধারাবাহিক; যতদিন হইতে ভারতবর্ষে সভ্যতার সৃষ্টি, প্রায় ততদিন হইতে ভারতবর্ষীয় কৃষকদিগের দুর্দ্দশার সূত্রপাত। পাশ্চাত্ত্যেরা কথায় বলেন, একদিনে রোমনগরী নির্ম্মিতা হয় নাই। এদেশের কৃষকদিগের দুর্দ্দশাও দুই এক শত বৎসরে ঘটে নাই। কি কারণে ভারতবর্ষের প্রজা চিরকাল উন্নতিহীন, অদ্য আমরা তাহার অনুসন্ধানে প্রবৃত্ত হইব।

জ্ঞানবুদ্ধিই যে সভ্যতার মূল এবং পরিমাণ, ইহা বক্‌ল্‌ সাহেবের স্থুল কথা। বক্‌ল্‌ বলেন যে, জ্ঞানিক উন্নতি ভিন্ন নৈতিক উন্নতি নাই। সে কথায় আমরা অনুমোদন করি না, কিন্তু জ্ঞানিক উন্নতি যে সভ্যতার কারণ, এ কথা অবশ্য স্বীকার করিতে হইবে। জ্ঞানে উন্নতি না হইলে সভ্যতার উন্নতি হইবে না। জ্ঞান আপনি জন্মে না; অতিশয় শ্রমলভ্য। কেহ যদি বিদ্যালোচনায় রত না হয়, তবে সমাজমধ্যে জ্ঞানের প্রকাশ হইবে না। কিন্তু বিদ্যালোচনার পক্ষে অবকাশ আবশ্যক। বিদ্যালোচনার পূর্ব্বে উদরপোষণ চাই; অনাহারে কেহ জ্ঞানালোচনার অবকাশ হয় না। অতএব সভ্যতার সৃষ্টি পক্ষে প্রথম আবশ্যক যে, সমাজমধ্যে একটি সম্প্রদায় শারীরিক শ্রম ব্যতীত আত্মভরণপোষণে সক্ষম হইবে। অন্যে পরিশ্রম করিবে, তাঁহারা বসিয়া বিদ্যালোচনা করিবেন। যদি শ্রমোপজীবীরা সকলেই কেবল আত্মভরণপোষণের যোগ্য খাদ্য উৎপন্ন করে, তাহা হইলে এরূপ ঘটিবে না; কেন না, যাহা জন্মিবে, তাহা শ্রমোপজীবীদের সেবায় যাইবে, আর কাহারও জন্য থাকিবে না। কিন্তু যদি তাহারা আত্মভরণপোষণের প্রয়োজনীয় পরিমাণের অপেক্ষা অধিক উৎপাদন করে, তবে তাহাদিগের ভরণপোষণ বাদে কিছু সঞ্চিত হইবে। তদ্দ্বারা শ্রমবিরত ব্যক্তিরা প্রতিপালিত হইয়া বিদ্যানুশীলন করিতে

পারেন। তখন জ্ঞানের উদয় সম্ভব। উৎপাদকের খাইয়া পরিয়া যাহা রহিল, তাহাকে সঞ্চয় বলা যাইতে পারে। অতএব সভ্যতার উদয়ের পূর্ব্বে প্রথমে আবশ্যক – সামাজিক ধনসঞ্চয়ন।

কোন দেশে সামাজিক ধনসঞ্চয় হয়, কোন দেশে হয় না। যেখানে হয়, সে দেশ সভ্য হয়। যে দেশে হয় না, সে দেশ অসভ্য থাকে। কি কি কারণে দেশবিদেশে আদিম ধনসঞ্চয় হইয়া থাকে? দুইটি কারণ সংক্ষেপে নির্দ্দিষ্ট করা যাইতে পারে। প্রথম কারণ, ভূমির উর্ব্বরতা। যে দেশের ভূমি উর্ব্বরা, সে দেশে সহজে অধিক শস্য উৎপন্ন হইতে পারে। সুতরাং শ্রমোপজীবীদিগের ভরণপোষণের পর আরও কিছু অবশিষ্ট থাকিয়া সঞ্চিত হইবে। দ্বিতীয় কারণ, দেশের উষ্ণতা বা শীতলতা। শীতোষ্ণতার ফল দ্বিবিধ। প্রথমতঃ, যে দেশ উষ্ণ, সে দেশের লোকের অল্পাহার আবশ্যক, শীতল দেশে অধিক আহার আবশ্যক। এই কথা কতকগুলি স্বাভাবিক নিয়মের উপর নির্ভর করে, তাহা এই ক্ষুদ্র প্রবন্ধে লিখিবার স্থান নাই; আমরা এতদংশ বক্‌লের গ্রন্থের অনুবর্ত্তী হইয়া লিখিতেছি; কৌতুহলবিশিষ্ট পাঠক সেই গ্রন্থ দেখিবেন। যে দেশের লোকের সাধারণতঃ অল্প খাদ্যের প্রয়োজন, সে দেশে শীঘ্র যে সামাজিক ধনসঞ্চয় হইবে, তদ্বিষয়ে সন্দেহ নাই। উষ্ণতার দ্বিতীয় ফল, বক্‌ল্ এই বলেন যে, তাপাধিক্য হেতু লোকের শারীরিক তাপজন খাদ্যের তত আবশ্যক হয় না। যে দেশ শীতল, সে দেশে শারীরিক তাপজনক খাদ্যের অধিক আবশ্যক। শারীরিক তাপ শ্বাসগত বায়ুর অম্লজানের সঙ্গে শরীরস্থ দ্রব্যের কার্ব্বনের রাসায়নিক সংযোগের ফল। অতএব যে খাদ্যে কার্ব্বন অধিক আছে, তাহাই তাপজনক ভোজ্য। মাংসাদিতেই অধিক কার্ব্বন। অতএব শীতপ্রধান দেশের লোকের মাংসাদির বিশেষ প্রয়োজন। উষ্ণদেশে মাংসাদি অপেক্ষাকৃত অনাবশ্যক – বনজের অধিক আবশ্যক। বনজ সহজে প্রাপ্য – কিন্তু পশুহনন কষ্টসাধ্য, এবং ভোজ্য পশু দুর্লভ। অতএব উষ্ণদেশের খাদ্য অপেক্ষাকৃত সুলভ। খাদ্য সুলভ বলিয়া শীঘ্র ধনসঞ্চয় হয়।

ভারতবর্ষ উষ্ণদেশ, এবং তথায় ভূমিও উর্ব্বরা। সুতরাং ভারতবর্ষে অতি শীঘ্র ধনসঞ্চয় হওয়াই সম্ভব। এই জন্য ভারতবর্ষে অতি পূর্ব্বকালেই সভ্যতার অভ্যুদয় হইয়াছিল। ধনাধিক্য হেতু, একটি সম্প্রদায় কায়িক

পরিশ্রম হইতে অবসর লইয়া জ্ঞানালোচনায় তৎপর হইতে পারিয়াছিলেন। তাঁহাদিগের অর্জ্জিত ও প্রচারিত জ্ঞানের কারণেই ভারতবর্ষের সভ্যতা। পাঠক বুঝিয়াছেন যে, আমরা ব্রাহ্মণদিগের কথা বলিতেছি।

কিন্তু এইরূপ প্রথমকালিক সভ্যতাই ভারতীয় প্রজার দুরদৃষ্টের মূল। যে যে নিয়মের বশে অকালে সভ্যতা জন্মিয়াছিল, সেই সেই নিয়মের বশেই তাহার অধিক উন্নতি কোন কালেই হইতে পারিল না; – সেই সেই নিয়মের বশেই সাধারণ প্রজার দুর্দ্দশা ঘটিল। প্রভাতেই মেঘাচ্ছন্ন। বালতরু ফলবান্ হওয়া ভাল নহে।

যখন জনসমাজে ধনসঞ্চয় হইল, তখন কাজে কাজেই সমাজ দ্বিভাগে বিভক্ত হইল। এক ভাগ শ্রম করে; এক ভাগ শ্রম করে না। এই দ্বিতীয় ভাগের শ্রম করিবার আবশ্যকতা নাই বলিয়া তাহারা করে না; প্রথম ভাগের উৎপাদিত অতিরিক্ত খাদ্যে তাহাদের ভরণপোষণ হয়। যাহারা শ্রম করে না, তাহাদেরই কেবল সাবকাশ; সুতরাং চিন্তা, শিক্ষা ইত্যাদিতে তাহাদিগেরই একাধিকার। যে চিন্তা করে, শিক্ষা পায়, অর্থাৎ যাহার বুদ্ধি মার্জ্জিত হয়, সে অন্যাপেক্ষা যোগ্য, এবং ক্ষমতাশালী হয়। সুতরাং সমাজমধ্যে ইহাদিগেরই প্রধানত্ব হয়। যাহারা শ্রমোপজীবী, তাহারা ইহাদিগের বশর্বর্ত্তী হইয়া শ্রম করে। অতএব প্রথমেই বৈষম উপস্থিত হইল। কিন্তু এ বৈষম্য প্রাকৃতিক, ইহার উচ্ছেদ সম্ভবে না। এবং উচ্ছেদ মঙ্গলকরও নহে।

বুদ্ধ্যপজীবীর জ্ঞান ও বুদ্ধির দ্বারা শ্রমোপজীবীরা উপকৃত হয়, পুরস্কারস্বরূপ উহারা শ্রমোপজীবীর অর্জ্জিত ধনের অংশ গ্রহণ করে। শ্রমোপজীবীর ভরণপোষণের জন্য যাহা প্রয়োজনীয়, তাহার অতিরিক্ত যাহা জন্মে, তাহা উহাদেরই হাতে জমে। অতএব সমাজের যে অতিরিক্ত ধন, তাহা ইহাদেরই হাতে সঞ্চিত হইতে থাকে। তবে, দেশের উৎপন্ন ধন দুই ভাগে বিভক্ত হয়, এক ভাগ শ্রমোপজীবীর, এক ভাগ বুদ্ধ্যপজীবীর। প্রথম ভাগ, "মজুরির বেতন," দ্বিতীয় ভাগ ব্যবসায়ের "মুনাফা"।* আমরা "বেতন" ও "মুনাফা", এই দুইটি নাম ব্যবহার করিতে থাকিব। "মুনাফা" বুদ্ধ্যপজীবীদের ঘরেই থাকিবে। শ্রমোপজীবীরা "বেতন" ভিন্ন মুনাফার

কোন অংশ পায় না। শ্রমোপজীবীরা সংখ্যায় যতই হউক না কেন, উৎপন্ন ধনের যে অংশটি বেতন, সেইটিই তাহাদের মধ্যে বিভক্ত হইবে, "মুনাফার" মধ্য হইতে এক পয়সাও তাহারা পাইবে না।

(*) "ভূমির কর" এবং "সুদ" ইহার অন্তর্গত এ স্থলে বিবেচনা করিতে হইবে। সংক্ষেপাভিপ্রায়ে আমরা কর বা সুদের উল্লেখ করিলাম না।

মনে কর, দেশের উৎপন্ন কোটি মুদ্রা; তন্মধ্যে পঞ্চাশ লক্ষ "বেতন", পঞ্চাশ লক্ষ "মুনাফা"। মনে কর, দেশে পচিঁশ লক্ষ শ্রমোপজীবী। তাহা হইলে এই পঞ্চাশ লক্ষ মুদ্রা "বেতন", পঁচিশ লক্ষ লোকের মধ্যে ভাগ হইবে, প্রত্যেক শ্রমোপজীবীর ভাগে দুই মুদ্রা পড়িবে। মনে কর, হঠাৎ ঐ পঁচিশ লক্ষ শ্রমোপজীবীর উপর আর পঁচিশ লক্ষ লোক কোথা হইতে আসিয়া পড়িল। তখন পঞ্চাশ লক্ষ শ্রমোপজীবী হইল। সেই পঞ্চাশ লক্ষ মুদ্রাই ঐ পঞ্চাশ লক্ষ লোকের মধ্যে বিভক্ত হইবে। যাহা "মুনাফা", তাহার এক পয়সাও উহাদের প্রাপ্য নহে, সুতরাং ঐ পঞ্চাশ লক্ষ মুদ্রার বেশী এক পয়সাও তাহাদের মধ্যে বিভাজ্য নহে। সুতরাং এক্ষণে প্রত্যেক শ্রমোপজীবীর ভাগ দুই মুদ্রার পরিবর্ত্তে এক মুদ্রা হইবে। কিন্তু দুই মুদ্রাই ভরণপোষণের জন্য আবশ্যক বলিয়াই, তাহা পাইত। অতএব এক্ষণে তাহাদের গ্রাসাচ্ছাদনের কষ্ট বিশেষ দুর্দ্দশা হইবে।

যদি ঐ লোকাগমের সঙ্গে সঙ্গে আর কোটি মুদ্রা দেশের ধনবৃদ্ধি হইত, তাহা হইলে এ কষ্ট হইত না। পঞ্চাশ লক্ষ মুদ্র বেতন ভাগের স্থানে কোটি মুদ্রা বেতন ভাগ হইত। তখন লোক বেশী আসাতেও সকলের দুই টাকা করিয়া কুলাইত।

অতএব দেখা যাইতেছে যে, লোকসংখ্যা বৃদ্ধি শ্রমোপজীবীদের মহৎ অনিষ্টর কারণ। যে পরিমাণে লোকসংখ্যা বৃদ্ধি হয়, যদি সেই পরিমাণে দেশের ধনবৃদ্ধি পায়, তবে শ্রমোপজীবীদের কোন অনিষ্ট নাই। যদি লোকসংখ্যা বৃদ্ধির অপেক্ষাও ধনবৃদ্ধি গুরুতর হয়, তবে শ্রমোপজীবীদের শ্রীবৃদ্ধি – যথা ইংলণ্ড ও আমেরিকায়। আর যদি এই দুইয়ের একও না ঘটিয়া, ধনবৃদ্ধির অপেক্ষা লোকসংখ্যা বৃদ্ধি অধিক হয়, তবে শ্রমোপজীবীদের দুর্দ্দশা। ভঅরতবর্ষে প্রথমোদামেই তাহাই ঘটিল।

লোকসংখ্যা বৃদ্ধি স্বাভাবিক নিয়ম। এক পুরুষ ও এক স্ত্রী হইতে অনেক সন্তান জন্মে। তাহার আর একটি সন্তানের আবার অনেক সন্তান জন্মে। অতএব মনুষ্যের দুর্দ্দশা এক প্রকার স্বভাবে নিয়মাদিষ্ট। সকল সমাজেই এই অনিষ্টপাতের সম্ভাবনা। কিন্তু ইহার সদুপায় আছে। প্রকৃত সদুপায় সঙ্গে সঙ্গে ধনবৃদ্ধি। পরন্তু যে পরিমাণে প্রজাবৃদ্ধি, সে পরিমাণে ধনবৃদ্ধি প্রায়ই ঘটিয়া উঠে না। ঘটিবার অনেক বিঘ্ন আছে। অতএব উপায়ান্তর অবলম্বন করিতে হয়। উপায়ান্তর দুইটি মাত্র। এক উপায় দেশীয় লোকের কিয়দংশের দেশান্তরে গমন। কোন দেশে লোকের অন্নে কুলায় না, অন্য দেশে অন্ন খাইবার লোক নাই। প্রথমোক্ত কতক দেশের লোক শেষোক্ত দেশে যাউক, তাহা হইলে প্রথমোক্ত দেশের লোকসংখ্যা কমিবে। এবং শেষোক্ত দেশেরও কোন অনিষ্ট ঘটিবে না। এইরূপে ইংলণ্ডের মহদুপকার হইয়াছে। ইংলণ্ডের লোক আমেরিকা, অস্ট্রেলিয়া এবং পৃথিবীর অন্যান্য ভাগে বাস করিয়াছে। তাহাতে ইংলণ্ডের শ্রীবৃদ্ধি হইয়াছে, উপনিবেশ সকলেরও মঙ্গল হইয়াছে।

দ্বিতীয় উপায় বিবাহপ্রবৃত্তির দমন। এইটি প্রধান উপায়। যদি সকলেই বিবাহ করে, তবে প্রজাবৃদ্ধির সীমা থাকে না। কিন্তু যদি কতক লোক অবিবাহিত থাকে, তবে প্রজাবৃদ্ধির লাঘব হয়। যে দেশে জীবনের স্বচ্ছন্দতা লোকের অভ্যস্ত, যেখানে জীবিকানির্ব্বাহের সামগ্রী প্রচুরপরিমাণে আবশ্যক, এবং কষ্টে আহরণীয়, সেখানকার লোকে বিবাহপ্রবৃত্তি দমন করে। পরিবার প্রতিপালনের উপায় না দেখিলে বিবাহ করে না।

ভারতবর্ষে এই দুইটির একটি উপায়ও অবলম্বিত হইতে পারে না। উষ্ণতা শরীরের শৈথিল্যজনক, পরিশ্রমে অপ্রবৃত্তিদায়ক। দেশান্তরে গমন, উৎসাহ, উদ্যোগ এবং পরিশ্রমের কাজ। বিশেষতঃ প্রকৃতিও তাহার প্রতিকূলতাচরণ করিয়াছেন। ভারতবর্ষকে অলঙ্ঘ্য পর্ব্বত এবং বাত্যাসঙ্কুল সমুদ্রমধ্যস্থ করিয়া বদ্ধ করিয়া রাখিয়াছেন। যবদ্বীপ এবং বালি উপদ্বীপ ভিন্ন আর কোন হিন্দু উপনিবেশের কথা শুনা যায় না। ভারতবর্ষের ন্যায় বৃহৎ প্রাচীন দেশের এইরূপ সামান্য ঔপনিবেশিকা ক্রিয়া গণনীয় নহে।

বিবাহপ্রবৃত্তির দমনবিষয়ে ভারতবর্ষের আরও মন্দাবস্থা। মাটি আঁচড়াইলেই শস্য জন্মে, তাহার যৎকিঞ্চিৎ ভোজন করিলেই শরীরের উপকার হউক না হউক, ক্ষুধানিবৃত্তি এবং জীবনধারণ হয়। বায়ুর উষ্ণতাপ্রযুক্ত পরিচ্ছেদের বাহুল্যের আবশ্যকতা নাই। সুতরাং অপকৃষ্ট জীবিকা অতি সুলভ। এমত অবস্থায় পরিবার প্রতিপালনে অক্ষমতাভয়ে কেহ ভীত নহে। সুতরাং বিবাহপ্রবৃত্তি দমনে প্রজা পরান্মুখ হইল। প্রজাবৃদ্ধির নিবারণের কোন উপায়ই অবলম্বিত না হওয়াতে তাহার বেগ অপ্রতিহত হইল। কাজে কাজেই সভ্যতার প্রথম অভ্যুদয়ের পরেই ভারতীয় শ্রমোপজীবীর দুর্দ্দশা আরম্ভ হইল। যে ভূমির উর্ব্বরতা ও বায়ুর উষ্ণতাহেতুক সভ্যতার উদয় তাহাতেই জনসাধারণের দুরবস্থার কারণ সৃষ্টি হইল। উভয়ই অলঙ্ঘ্য নৈসর্গিক নিয়মের ফল।

শ্রমোপজীবীর এই কারণে দুর্দ্দশার আরম্ভ। কিন্তু একবার অবনতি আরম্ভ হইলেই, সেই অবনতির ফলে আরও অবনতি ঘটে। শ্রমোপজীবীদিগের যে পরিমাণে দুরবস্থা বৃদ্ধি হইতে লাগিল, সেই পরিমাণে তাহাদিগের সহিত সমাজের অন্য সম্প্রদায়ের তারতম্য অধিকতর হইতে লাগিল। প্রথম ধনের তারতম্য – তৎফলে অধিকারের তারতম্য। শ্রমোপজীবীরা হীন হইল বলিয়া তাহাদের উপর বুদ্ধ্যুপজীবীদিগের প্রভুত্ব বাড়িতে লাগিল। অধিক প্রভুত্বের ফল অধিক অত্যাচার। এই প্রভুত্বই শূদ্রপীড়ক স্মৃতিশাস্ত্রের মূল। এই বৈষম্যই অস্বাভাবিক। ইহাই অমঙ্গলের কারণ।

আমরা যে সকল কথা বলিলাম, তাহার তিনটি গুরুতর তাৎপর্য্য দেখা যায়ঃ

১। শ্রমোপজীবীদিগের অবনতির যে সকল কারণ দেখাইলাম, তাহার ফল ত্রিবিধ।

প্রথম ফল, শ্রমের বেতনের অল্পতা। ইহার নামান্তর দারিদ্র। ইহা বৈষম্যবর্দ্ধক।

দ্বিতীয় ফল, বেতনের অল্পতা হইলেই পরিশ্রমের আধিক্যের আবশ্যক হয়; কেন না, যাহা কমিল, তাহা খাটিয়া পোষাইয়া লইতে হইবে। তাহাতে অবকাশের ধ্বংস। অবকাশের অভাবে বিদ্যালোচনার অভাব। অতএব দ্বিতীয় ফল মূর্খতা। ইহাও বৈষম্যবৰ্দ্ধক।

তৃতীয় ফল, বুদ্ধ্যুপজীবীদিগের প্রভুত্ব এবং অত্যাচার বৃদ্ধি। ইহার নামান্তর দাসত্ব। ইহা বৈষম্যের পরাকাষ্ঠা।

দারিদ্র, মূর্খতা, দাসত্ব।

২। ঐ সকল ফল একবার উৎপন্ন হইলে ভারতবর্ষের ন্যায় দেশে প্রাকৃতিক নিয়মগুণে স্থায়িত্ব লাভ করিতে উন্মুখ হয়।

দেখান গিয়াছে যে, ধনসঞ্চয়ই সভ্যতার আদিম কারণ। যদি বলি যে, ধনলিপ্সা সভ্যতাবৃদ্ধির নিত্য কারণ, তাহা হইলে অত্যুক্তি হইবে না। সামাজিক উন্নতির মূলীভূত, মনুষ্যহৃদয়ে দুইটি বৃত্তি; প্রথম জ্ঞানলিপ্সা, দ্বিতীয় ধনলিপ্সা। প্রথমোক্তটি মহৎ এবং আদরণীয়, দ্বিতীয়টি স্বার্থসাধক এবং নীচ বলিয়া খ্যাত। কিন্তু, "History of Rationalism in Europe" নামক গ্রন্থে লেকি সাহেব বলেন যে, দুইটি বৃত্তির মধ্যে ধনলিপ্সাই মনুষ্যজাতির অধিকতর মঙ্গলকর হইয়াছে। বস্তুতঃ জ্ঞানলিপ্সা কদাচিৎক, ধনলিপ্সা সৰ্ব্বসাধারণ; এজন্য অপেক্ষাকৃত ফলোপধায়ক। দেশের উৎপন্ন ধনে জনসাধারণের গ্রাসাচ্ছদনের কুলান হইতেছে বলিয়া সামাজিক ধনলিপ্সা কমে না। সৰ্ব্বদা নূতন নূতন সুখের আকাঙ্ক্ষা জন্মে। পূৰ্ব্বে যাহা নিষ্প্রয়োজনীয় বলিয়া বোধ হইত, পরে তাহা আবশ্যকীয় বোধ হয়। তাহা পাইলে আবার অন্য সামগ্রী আবশ্যক বোধ হয়। আকাঙ্ক্ষার চেষ্টা, চেষ্টায় সফলতা জন্মে। সুতরাং সুখ এবং মঙ্গল বৃদ্ধি হইতে থাকে। অতএব সুখ স্বচ্ছন্দতার আকাঙ্ক্ষার বৃদ্ধি সভ্যতাবৃদ্ধির পক্ষে নিতান্ত প্রয়োজনীয়। বাহ্য সুখের আকাঙ্ক্ষা পরিতৃপ্ত হইয়া আসিলে জ্ঞানের আকাঙ্ক্ষা, সৌন্দর্য্যের আকাঙ্ক্ষা, তৎসঙ্গে কাব্যসাহিত্যাদির প্রিয়তা এবং নানাবিধ বিদ্যার উৎপত্তি হয়। যখন লোকের সুখলালসার অভাব থাকে, তখন পরিশ্রমের প্রবৃত্তি দুৰ্ব্বলা হয়। উৎকর্ষলাভের ইচ্ছাও থাকে না, তৎপ্রতি যত্নও হয় না। তন্নিবন্ধন যে দেশে খাদ্য সলভ, সে দেশের

প্রজাবৃদ্ধির নিবারণকারিণী প্রবৃত্তি সকলের অভাব হয়। অতএব যে "সন্তোষ" কবিদিগের অশেষ প্রশংসার স্থান, তাহা সমাজোন্নতির নিতান্ত অনিষ্টকারক; কবিগীতা এই প্রবৃত্তি সামাজিক জীবনের হলাহল।

লোকের অনিষ্টপূর্ণ সন্তুষ্টভাব, ভারতবর্ষে প্রাকৃতিক নিয়মগুণে সহজেই ঘটিল। এ দেশে, তাপের কারণ অধিক কাল ধরিয়া এককালীন পরিশ্রম অসহ্য। তৎকারণে পরিশ্রমে অনিচ্ছা অভ্যাসগত হয়। সেই অভ্যাসের আরও কারণ আছে। উষ্ণদেশে শরীরমধ্যে অধিক তাপের সমুদ্ভাবের আবশ্যক হয় না বলিয়া তথাকার লোকে যে মৃগয়অদিতে তাদৃশ রত হয় না, ইহা পূর্ব্বে কথিত হইয়াছে। বন্য পশু হনন করিয়া খাইতে হইলে পরিশ্রম, সাহস, বল এবং কার্য্যতৎপরতা অভ্যস্ত হয়। ইউরোপীয় সভ্যতার একটি মূল, পূর্ব্বকালীন তাদৃক্ অভ্যাস। অতএব একে শ্রমের অনাবশ্যকতা, তাহাতে শ্রমে অনিচ্ছা, ইহার পরিণাম আলস্য এবং অনুৎসাহ। অভ্যাসগত আলস্য এবং অনুৎসাহেরই নামান্তর সন্তোষ। অতএব ভারতীয় প্রজার একবার দুর্দ্দশা হইলে, সেই দশাতেই তাহারা সন্তুষ্ট রহিল। উদ্যমাভাবে আর উন্নতি হইল না। সুপ্ত সিংহের মুখে আহার্য্য পশু স্বতঃপ্রবেশ করে না।

ভারতবর্ষের পুরাবৃত্তালোচনায় সন্তোষ সম্বন্ধে অনেকগুলিন বিচিত্র তত্ত্ব পাওয়া যায়। ঐহিক সুখে নিস্পৃহতা, হিন্দুধর্ম্ম এবং বৌদ্ধধর্ম্মে উভয় কর্ত্তৃক অনুজ্ঞাত। কি ব্রাহ্মণ, কি বৌদ্ধ, কি স্মার্ত্ত, কি দার্শনিক, সকলেই প্রাণপণে ভারতবাসীদিগকে শিখাইয়াছেন যে, ঐহিক সুখ অনাদরণীয়। ইউরোপেও ধর্ম্মযাজকগণকর্ত্তৃক ঐহিক সুখে অনাদরতত্ত্ব প্রচারিত হইয়াছিল। ইউরোপে যে রোমীয় সভ্যতা লোপের পর সহস্র বৎসর মনুষ্যের ঐহিক অবস্থা অনুন্নত ছিল, এইরূপ শিক্ষাই তাহার কারণ। কিন্তু যখন ইতালিতে প্রাচীন গ্রীক্ সাহিত্য, গ্রীক্ দর্শনের পুনরুদয় হইল, তখন তৎপ্রদত্ত শিক্ষানিবন্ধন ঐহিকে বিরক্তি ইউরোপে ক্রমে মন্দীভূত হইল। সঙ্গে সঙ্গে সভ্যতারও বৃদ্ধি হইল। ইউরোপে এ প্রবৃত্তি বদ্ধমূল হইতে পারে নাই। ভারতবর্ষে ইহা মনুষ্যের দ্বিতীয় স্বভাব স্বরূপে পরিণত হইয়াছে। যে ভূমি যে বৃক্ষের উপযুক্ত, সেইখানেই তাহা বদ্ধমূল হয়। এ দেশের ধর্ম্মশাস্ত্র কর্ত্তৃক যে নিবৃত্তিজনক শিক্ষা প্রচারিত হইল, দেশের

অবস্থাই তাহার মূল; আবার সেই ধর্ম্মশাস্ত্রের প্রদত্ত শিক্ষায় প্রাকৃতিক অবস্থা জন্য নিবৃত্তি আরও দৃঢ়ীভূতা হইল।

এতন্নিবন্ধ ইউরোপে এবং ভারতবর্ষে ভিন্ন ভিন্ন ফল ফলিল। সুপ্তোত্থিত ইউরোপীয় প্রজাগণ, ঐহিক সুখে রত হইয়া সামাজিক বৈষম্য দূরীকরণে চেষ্টিত হইল। ইহার ফল সুখ, সমৃদ্ধি, সভ্যতাবৃদ্ধি। ভারতবর্ষীয় প্রজাগণ নিদ্রিত রহিল; সামাজিক বৈষম্য ধারাবাহিক হইয়া চলিল। ইহার ফল অবনতি।

৩। শ্রমোপজীবীদিগের দুরবস্থা যে চিরস্থায়ী হয়, কেবল তাহাই নহে। তন্নিবন্ধ সমাজের অন্য সম্প্রদায়ের লোকের গৌরবের ধ্বংস হয়। যেমন এক ভাণ্ড দুগ্ধে এক বিন্দু অম্ল পড়িলে, সকল দুগ্ধ দধি হয়, তেমনি সমাজের এক অধঃশ্রেণীর দুর্দ্দশায় সকল শ্রেণীরই দুর্দ্দশা জন্মে।

(ক) উপজীবিকানুসারে প্রাচীন আর্য্যেরা চারি শ্রেণীতে বিভক্ত হইয়াছিলেন। ব্রাহ্মণ, ক্ষত্রিয়, বৈশ্য, শূদ্র। বৈষম্যের উপর বৈষম্য। শুধু অধস্তন শ্রেণী; তাহাদিগেরই দুর্দ্দশার কথা এতক্ষণ বলিতেছিলাম। বৈশ্য বাণিজ্যব্যবসায়ী। বাণিজ্য, শ্রমোপজীবীর শ্রমোৎপন্ন দ্রব্যের প্রাচুর্য্যের উপর নির্ভর করে। যে দেশে দেশের আবশ্যকীয় সামগ্রীর অতিরিক্ত উৎপন্ন না হয়, সে দেশে বাণিজ্যের উন্নতি হয় না। বাণিজ্যের উন্নতি না হইলে, বাণিজ্যব্যবসায়ীদিগের সৌষ্ঠবের হানি। লোকের অভাববৃদ্ধি, বাণিজ্যের মূল। যদি আমাদিগের অন্য দেশোৎপন্ন সামগ্রী গ্রহণেচ্ছা না থাকে, তবে কেহ অন্য দেশোৎপন্ন সামগ্রী আমাদের কাছে আনিয়া বিক্রয় করিবে না। অতএব যে দেশের লোক অভাবশূন্য, নিজ শ্রমোৎপন্ন সামগ্রীতে সন্তুষ্ট, সে দেশে বণিক্‌দিগের শ্রীহানি অবশ্য হইবে। কেহ জিজ্ঞাসা করিতে পারেন যে, তবে কি ভারতবর্ষে বাণিজ্য ছিল না? ছিল বৈ কি। ছিল, কিন্তু ভারতবর্ষের তুল্য বিস্তৃত উর্ব্বরা ভূমিবিশিষ্ট বহুধনের আকরস্বরূপ দেশে যেরূপ বাণিজ্যবাহুল্য হওয়ার সম্ভাবনা ছিল, – অতি প্রাচীন কালেই যে সম্ভাবনা ছিল, তাহার কিছুই হয় নাই। বাণিজ্যহানির অন্যান্য কারণও ছিল, যথা – ধর্ম্মশাস্ত্রের প্রতিবন্ধকতা, সমাজের অভ্যস্ত অনুৎসাহ ইত্যাদি। এ প্রবন্ধে সে সকলের উল্লেখের আবশ্যক নাই।

(খ) ক্ষত্রিয়েরা রাজা বা রাজপুরুষ। যদি পৃথিবীর পুরাবৃত্তে কোন কথা নিশ্চিত প্রতিপন্ন হইয়া থাকে, তবে সে কথাটি এই যে, সাধারণ প্রজা সতেজ এবং রাজনিয়ন্তা না হইলে, রাজপুরুষদিগের স্বভাবের উন্নতি হয় না, অবনতি হয়। যদি কেহ কিছু না বলে, রাজপুরুষেরা সহজেই স্বেচ্ছাচারী হয়েন। স্বেচ্ছাচারী হইলেই, আত্মসুখরত, কার্য্যে শিথিল, এবং দুষ্ক্রিয়ান্বিত হইতে হয়। অতএব যে দেশের প্রজা নিস্তেজ, নম্র, অনুৎসাহী, অলস, সেইখানেই রাজপুরুষদিগের ঐরূপ স্বভাবগত অবনতি হইবে। যেখানে প্রজা দুঃখী, অন্নবস্ত্রের কাঙ্গাল, আহারোপার্জ্জনে ব্যস্ত, এবং সন্তুষ্টস্বভাব, সেইখানেই তাহার নিস্তেজ, নম্র, অনুৎসাহী, অবিরোধী। ভারতবর্ষে বৈষম্যপীড়িত হীন বর্ণেরা তাই। সেই জন্য ভারতবর্ষের রাজগণ, মহাভারতকীর্ত্তিত বলশালী, ধর্ম্মিষ্ঠ, ইন্দ্রিজয়ী রাজচরিত্র হইতে মধ্যকালের কাব্যনাটকাদিচিত্রিত বলহীন, ইন্দ্রিয়পরবশ, স্ত্রৈণ, অকর্ম্মঠ দশাপ্রাপ্ত হইয়া শেষে মুসলমান-হস্তে লুপ্ত হইলেন। যে দেশে সাধারণ প্রজার অবস্থা ভাল, সে দেশে রাজপুরুষদিগের এরূপ দুর্গতি ঘটে না। তাহারা রাজার দুর্ম্মতি দেখিলে তাঁহার প্রতি রুষ্ট হইতে পারে, এবং হইয়া থাকে। পরস্পরের উপরোধেই উভয় পক্ষের উন্নতি। রাজপুরুষগণ অনর্থক অসন্তোষের ভয়ে সতর্ক থাকেন। কিন্তু ইহাতে কেবল যে এই উপকার, ইহা নহে। রাজকার্য্যের অপক্ষপাতী সমালোচনায় মানসিক গুণসকলের সৃষ্টি এবং পুষ্টি হয়। তদভাবে তৎসমুদায়ের লোপ। শূদ্রের দাসত্বে ক্ষত্রিয়ের ধন এবং ধর্ম্মের লোপ হইয়াছিল। রোমে, প্লিবিয়ানদিগের বিবাদে, ইংলণ্ডের কমনদিগের বিবাদে প্রভুদিগের স্বাভাবিক উৎকর্ষ জন্মিয়াছিল।

(গ) ব্রাহ্মণ। যেমন, অধঃশ্রেণীর প্রজার অবনতিতে ক্ষত্রিয়দিগের প্রভুত্ব বাড়িয়া, পরিশেষে লুপ্ত হইয়াছিল, ব্রাহ্মণদিগেরও তদ্রূপ। অপর তিন বর্ণের অনুন্নতিতে বর্ণগত ঘোরতর বৈষম্যে ব্রাহ্মণের প্রথমে প্রভুত্ব বৃদ্ধি পায়। অপর বর্ণের মানসিক শক্তির হানি হওয়াতে, তাহদিগের চিত্ত উপধর্ম্মের বিশেষ বশীভূত হইতে লাগিল। দৌর্ব্বল্য থাকিলেই ভয়াধিক্য হয়। উপধর্ম্ম ভীতিজাত; এই সংসার বলশালী অথচ অনিষ্টকারক দেবতাপূর্ণ, এই বিশ্বাসই উপধর্ম্ম। অতএব অপর বর্ণত্রয়, মানসিক শক্তিবিহীন হওয়াতে অধিকতর উপধর্ম্মপীড়িত হইল; ব্রাহ্মণেরা উপধর্ম্মের যাজক, সুতরাং তাঁহাদের প্রভুত্ব বৃদ্ধি হইল। বৈষম্য বৃদ্ধি

হইল। ব্রাহ্মণেরা কেবল শাস্ত্রজাল, ব্যবস্থাজাল বিস্তারিত করিয়া ক্ষত্রিয়, বৈশ্য, শূদ্রকে জড়িত করিতে লাগিলেন। মক্ষিকাগণ জড়াইয়া পড়িল – নড়িবার শক্তি নাই। কিন্তু তথাপি ঊর্ণনাভের জাল ফুরায় না। বিধানের অন্ত নাই। এদিকে রাজশাসনপ্রণালী দণ্ডবিধি দায় সন্ধিবিগ্রহ প্রভৃতি হইতে আচমন, শয়ন, বসন, গমন, কথোপকথন, হাস্য, রোদন, এই সকল পর্যন্ত ব্রাহ্মণের রচিত বিধির দ্বারা নিয়মিত হইতে লাগিল। "আমরা যেরূপে বলি, সেইরূপে শুইবে, সেইরূপে খাইবে, সেইরূপে বসিবে, সেইরূপে হাঁটিবে, সেইরূপে কথা কহিবে, সেইরূপে হাসিবে, সেইরূপে কাঁদিবে, তোমার জন্ম মৃত্যু পর্য্যন্ত আমাদের ব্যবস্থার বিপরীত হইতে পারিবে না, যদি হয়, তবে প্রায়শ্চিত্ত করিয়া, আমাদিগকে দক্ষিণা দিও।" জালের এইরূপ সূত্র। কিন্তু পরকে ভ্রান্ত করিতে গেলে আপনিও ভ্রান্ত হইতে হয়; কেন না, ভ্রান্তির আলোচনায় ভ্রান্তি অভ্যস্ত হয়। যাহা পরকে বিশ্বাস করাইতে চাহি, তাহাতে নিজের বিশ্বাস দেখাইতে হয়; বিশ্বাস দেখাইতে দেখাইতে যথার্থ বিশ্বাস ঘটিয়া উঠে। যে জালে ব্রাহ্মণেরা ভারতবর্ষকে জড়াইলেন, তাহাতে আপনারাও জড়িত হইলেন। পৌরাবৃত্তিক প্রমাণে প্রতিপন্ন হইয়াছে যে, মানুষের স্বেচ্ছানুবর্ত্তিতার প্রয়োজনাতিরিক্ত বোধ করিলে, সমাজের অবনতি হয়। হিন্দু সমাজের অবনতির অন্য যত কারণ নির্দ্দেশ করিয়াছি, তন্মধ্যে এইটি বোধ হয় প্রধান, অদ্যাপি জাজ্বল্যমান। ইহাতে রুদ্ধ এবং রোধকারী সমান ফলভোগী। নিয়মজালে জড়িত হওয়াতে ব্রাহ্মণদিগের বুদ্ধি স্ফূর্ত্তিলুপ্ত হইল। যে ব্রাহ্মণ রামায়ণ মহাভারত, পাণিনি ব্যাকরণ, সাংখ্যদর্শন প্রভৃতির অবতারণা করিয়াছিলেন তাঁহারা বাসবদত্তা, কাদম্বরী প্রভৃতির প্রণয়নে গৌরব বোধ করিতে লাগিনে। শেষে সে ক্ষমতাও গেল। ব্রাহ্মণদিগের মানসক্ষেত্র মরুভূমি হইল।

অতএব বৈষ্যবিষ ভারতীয় প্রজার দুর্দ্দশার একটি মূল কারণ।

পঞ্চম পরিচ্ছেদ

মনুষ্যে মনুষ্যে সমানাধিকারবিশিষ্ট – ইহাই সাম্যনীতি। কৃষক ও ভূম্যধিকারীতে যে বৈষম্য, সাম্যনীতিভ্রংশের প্রথম উদাহরণ স্বরূপ তাহার উল্লেখ করিয়াছি। দ্বিতীয় উদাহরণ স্বরূপ স্ত্রীপুরুষে যে বৈষম্য, তাহার উল্লেখ করিব।

মনুষ্যে মনুষ্যে সমানাধিকারবিশিষ্ট। স্ত্রীগণও মনুষ্যজাতি, অতএব স্ত্রীগণও পুরুষের তুল্য অধিকারশালিনী। যে যে কার্য্যে পুরুষের অধিকার আছে, স্ত্রীগণেরও সেই সেই কার্য্যে অধিকার থাকা ন্যায়সঙ্গত। কেন থাকিবে না? কেহ কেহ উত্তর করিতে পারেন যে, স্ত্রী পুরুষে প্রকৃতিগত বৈষম্য আছে; পুরুষ বলবান্, স্ত্রী অবলা; পুরুষ সাহসী, স্ত্রী ভীরু; পুরুষ ক্লেশসহিষ্ণু, স্ত্রী কোমলা; ইত্যাদি ইত্যাদি; অতএব যেখানে স্বভাবগত বৈষম্য আছে, সেখানে অধিকারগত বৈষম্য থাকাও বিধেয়। কেন না, যাহাতে অশক্ত, সে তাহাতে অধিকারী হইতে পারে না।

ইহার দুইটি উত্তর সংক্ষেপে নির্দ্দেশ করিলেই আপাততঃ যথেষ্ট হইবে। প্রথমতঃ স্বভাবগত বৈষম্য থাকিলেই যে অধিকারগত বৈষম্য থাকা ন্যায়সঙ্গত, ইহা আমরা স্বীকার করি না। এ কথাটি সাম্যতত্ত্বের মূলোচ্ছেদক। দেখ, স্ত্রীপুরুষে যেরূপ স্বভাবগত বৈষম্য, ইংরেজ বাঙ্গালিতেও সেইরূপ। ইংরেজ বলবান্, বাঙ্গালি দুর্ব্বল; ইংরেজ সাহসী, বাঙ্গালি ভীরু; ইংরেজ ক্লেশসহিষ্ণু, বাঙ্গালি কোমল; ইত্যাদি ইত্যাদি। যদি এই সকল প্রকৃতিগত বৈষম্য হেতু অধিকারবৈষম্য ন্যায্য হইত, তবে আমরা ইংরেজ বাঙ্গালি মধ্যে সামান্য অধিকারবৈষম্য দেখিয়া এত চীৎকার করি কেন? যদি স্ত্রী দাসী, পুরুষ প্রভু, ইহাই বিচারসঙ্গত হয়, তবে বাঙ্গালি দাস, ইংরেজ প্রভু, এটিও বিচারসঙ্গত হইবে।

দ্বিতীয় উত্তর এই, যে সকল বিষয়ে স্ত্রীপুরুষে অধিকারবৈষম্য দেখা যায়, সে সকল বিষয়ে স্ত্রীপুরুষে যথার্থ প্রকৃতিগত বৈষম্য দেখা যায় না। যতটুকু দেখা যায়, ততটুকু কেবল সামাজিক নিয়মের দোষে। সেই সকল

সামাজিক নিয়মের সংশোধনই সাম্যনীতির উদ্দেশ্য। বিখ্যাতনামা জন ষ্টুয়ার্ট মিল্‌কৃত এতদ্বিষয়ক বিচারে, এই বিষয়টি সুন্দররূপে প্রমাণীকৃত হইয়াছে সে সকল কথা এখানে পুনরুক্ত করা নিষ্প্রয়োজন।*

(*) Subjection of women

স্ত্রীগণ সকল দেশেই পুরুষের দাসী। যে দেশ স্ত্রীগণকে পিঞ্জরাবদ্ধ করিয়া না রাখে, সে দেশেও স্ত্রীগণকে পুরুষের উপর নির্ভর করিতে হয়, এবং সর্ব্বপ্রকারে আজ্ঞানুবর্ত্তী হইয়া মন যোগাইয়া থাকিতে হয়।

এই প্রথা সর্ব্বদেশে এবং সর্ব্বকালে চিরপ্রচলিত থাকিলেও, এক্ষণে আমেরিকা ও ইংলণ্ডে এক সম্প্রদায় সমাজতত্ত্ববিদ্ ইহার বিরোধী। তাঁহারা সাম্যবাদী। তাঁহাদের মত এই যে, স্ত্রী ও পুরুষে সর্ব্বপ্রকারে সাম্য থাকাই উচিত। পুরুষগণের যাহাতে যাহাতে অধিকার, স্ত্রীগণের তাহাতে তাহাতেই অধিকার থাকাই উচিত। পুরুষে চাকরি করিবে, ব্যবসায় করিবে, স্ত্রীগণে কেন করিবে না? পুরুষে রাজসভায়, ব্যবস্থাপক সভায় সভ্য হইবে, স্ত্রীলোকে কেন হইবে না? নারী পুরুষের পত্নী মাত্র, দাসী কেন হইবে?

আমাদের দেশে যে পরিমাণে স্ত্রীগণ পুরুষাধীন, ইউরোপে বা আমেরিকায় তাহার শতাংশও নহে। আমাদিগের দেশ অধীনতার দেশ, সর্ব্বপ্রকার অধীনতা ইহাতে বীজমাত্রে অঙ্কুরিত হইয়া, উর্ব্বরা ভূমি পাইয়া বিশেষ বৃদ্ধিলাভ করিয়া থাকে। এখানে প্রজা যেমন রাজার নিতান্ত অধীন, অন্যত্র তেমন নহে; এখানে অশিক্ষিত যেমন শিক্ষিতের আজ্ঞাবহ, অন্যত্র তেমন নহে; এখানে যেমন শূদ্রাদি ব্রাহ্মণের পদানত, অন্যত্র কেহই ধর্ম্মযাজকের তাদৃশ বশবর্ত্তী নহে। এখানে যেমন দরিদ্র ধনীর পদানত, অন্যত্র তত নহে। এখানে স্ত্রী যেমন পুরুষের আজ্ঞানুবর্ত্তিনী, অন্যত্র তত নহে।

এখানে রমণী পিঞ্জরাবদ্ধ বিহঙ্গিনী; যে বুলি পড়াইবে, সেই বুলি পড়িবে। আহার দিলে খাইবে, নচেৎ একাদশী করিবে। পতি অর্থাৎ পুরুষ দেবতাস্বরূপ; দেবতাস্বরূপ কেন, সকল দেবতার প্রধান দেবতা বলিয়া

শাস্ত্রে কথিত আছে। দাসীত্ব এত দূর যে, পত্নীদিগের আদর্শস্বরূপা দ্রৌপদী সত্যভামার নিকট আপনার প্রশংসা স্বরূপ বলিয়াছিলেন যে, তিনি স্বামীর সন্তোষার্থ সপত্নীগণেরও পরিচর্য্যা করিয়া থাকেন।

এই আর্য্য পাতিব্রত্য ধর্ম্ম অতি সুন্দর; ইহার জন্য আর্য্যগৃহ স্বর্গতুল্য সুখময়। কিন্তু পাতিব্রত্যের কেহ বিরোধী নহে; স্ত্রী যে পুরুষের দাসীমাত্র, সংসারের অধিকাংশ ব্যাপারে স্ত্রীলোক অধিকারশূন্যা, সাম্যবাদীরা ইহারই প্রতিবাদী।

অস্মদ্দেশে স্ত্রীপুরুষে যে ভয়ঙ্কর বৈষম্য, তাহা এক্ষণে আমাদিগের দেশীয়গণের কিছু কিছু হৃদয়ঙ্গম হইয়াছে, এবং কয়েকটি বিষয়ে বৈষম্য বিনাশ করিবার জন্য সমাজমধ্যে অনেক আন্দোলন হইতেছে। সে কয়টি বিষয় এই –

১ম। পুরুষকে বিদ্যাশিক্ষা অবশ্য করিতে হয়; কিন্তু স্ত্রীগণ অশিক্ষিতা থাকে।

২য়। পুরুষের স্ত্রীবিয়োগ হইলে, সে পুনর্ব্বার দারপরিগ্রহ করিতে অধিকারী। কিন্তু স্ত্রীগণ বিধবা হইলে, আর বিবাহ করিতে অধিকারিণী নহে; বরং সর্ব্বভোগসুখে জলাঞ্জলি দিয়া চিরকাল ব্রহ্মচর্য্যানুষ্ঠানে বাধ্য।

৩য়। পুরুষে যেখানে ইচ্ছা সেখানে যাইতে পারে, কিন্তু স্ত্রীলোকে গৃহপ্রাচীর অতিক্রম করিতে পারে না।

৪র্থ। স্ত্রীগণ স্বামীর মৃত্যুর পরেও অন্য স্বামিগ্রহণে অধিকারী নহে, কিন্তু পুরুষগণ স্ত্রী বর্ত্তমানেই, যথেচ্ছ বহুবিবাহ করিতে পারেন।

১। প্রথম তত্ত্ব সম্বন্ধে, সাধারণ লোকেরও একটু মত ফিরিয়াছে। সকলেই এখন স্বীকার করেন, কন্যাগণকে একটু লেখাপড়া শিক্ষা করান ভাল। কিন্তু কেহই প্রায় এখনও মনে ভাবেন না যে, পুরুষের ন্যায় স্ত্রীগণও নানাবিধ সাহিত্য, গণিত, বিজ্ঞান, দর্শন প্রভৃতি কেন শিখিবে না? যাঁহারা, পুত্রটি এম-এ পরীক্ষায় উত্তীর্ণ না হইলে বিষপান করিতে ইচ্ছা করেন,

তাঁহারাই কন্যাটি কথামালা সমাপ্ত করিলেই চরিতার্থ হন। কন্যাটিও কেন যে পুত্রের ন্যায় এম-এ পাশ করিবে না, এ প্রশ্ন বারেক মাত্রও মনে স্থান দেন না। যদি কেহ, তাঁহাদিগকে এ কথা জিজ্ঞসা করে, তবে অনেকেই প্রশ্নকর্ত্তাকে বাতুল মনে করিবেন। কেহ প্রতিপ্রশ্ন করিবেন, মেয়ে অত লেখাপড়া শিখিয়া কি করিবে? চাকরি করিবে না কি? যদি সাম্যবাদী সে প্রশ্নের প্রত্যুত্তরে বলেন, "কেনই বা চাকরি করিবে না?" তাহাতে বোধ হয়, তাঁহারা হরিবোল দিয়া উঠিবেন। কোন বুদ্ধিমান্ ব্যক্তি উত্তর করিতে পারেন, ছেলের চাকরিই জোটাইতে পারি না, আবার মেয়ের চাকরি কোথায় পাইব? যাঁহারা বুঝেন যে, বিদ্যোপার্জ্জন কেবল চাকরির জন্য নহে, তাঁহারা বলিতে পারেন, "কন্যাদিগকে পুত্রের ন্যায় লেখাপড়া শিখাইবার উপায় কি? তেমন স্ত্রীবিদ্যালয় কই?"

বাস্তবিক, বঙ্গদেশে, ভারতবর্ষে বলিলেও হয়, স্ত্রীগণকে পুরুষের মত লেখাপড়া শিখাইবার উপায় নাই। এতদ্দেশীয় সমাজমধ্যে সাম্যতত্ত্বান্তর্গত এই নীতিটি যে অদ্যাপি পরিস্ফুট হয় নাই – লোকে যে স্ত্রীশিক্ষার কেবল মৌখিক সমর্থন করিয়া থাকে, ইহাই তাহার প্রচুর প্রমাণ। সমাজে কোন অভাব হইলেই তাহার পূরণ হয় – সমাজ কিছু চাহিলেই তাহা জন্মে। বঙ্গবাসিগণ যদি স্ত্রীশিক্ষায় যথার্থ অভিলাষী হইতেন, তাহা হইলে তাহার উপায়ও হইত।

সেই উপায় দ্বিবিধ। প্রথম, স্ত্রীলোকদিগের জন্য পৃথক্ বিদ্যালয় – দ্বিতীয়, পুরুষবিদ্যালয়ে স্ত্রীগণের শিক্ষা।

দ্বিতীয়টির নামমাত্রে, বঙ্গবাসিগণ জ্বলিয়া উঠিবেন। তাঁহারা নিঃসন্দেহে মনে বিবেচনা করিবেন যে, পুরুষের বিদ্যালয়ে স্ত্রীগণ অধ্যয়নে প্রবৃত্ত হইলে, নিশ্চয়ই কন্যাগণ বারাঙ্গনাবৎ আচরণ করিবে। মেয়েগুলো ত অধঃপাতে যাইবেই; বেশীর ভাগ ছেলেগুলাও যথেচ্ছাচারী হইবে।

প্রথম উপায়টি উদ্ভাবিত করিলে, এ সকল আপত্তি ঘটে না বটে, কিন্তু আপত্তির অভাব নাই। মেয়েরা মেয়েকালেজে পড়িতে গেলে পর, শিশু পালন করিবে কে? বালককে স্তন্যপান করাইবে কে? বঙ্গীয় বালিকা চতুর্দ্দশ বৎসর বয়সে মাতা ও গৃহিণী হয়। ত্রয়োদশ বৎসরের মধ্যে যে

লেখাপড়া শিখা যাইতে পারে, তাহাই তাহাদের সাধ্য। অথবা তাহাও সাধ্য নহে – কেন না, ত্রয়োদশ বর্ষেই বা কুলবধূ বা কুলকন্যা, গৃহের বাহির হইয়া বই হাতে করিয়া কালেজে পড়িতে যাইবে কি প্রকারে?

আমরা এ সকল আপত্তির মীমাংসায় এক্ষণে প্রবৃত্ত নই। আমরা দেখিতে চাই য, যদি তোমরা সাম্যবাদী হও, তাহা হইলে যতদিন না সম্পূর্ণরূপে সর্ব্ববিষয়ক সাম্যের ব্যবস্থা করিতে পার, ততদিন কেবল আংশিক সাম্যের বিধান করিতে পারিবে না। সাম্যতত্ত্ব্যন্তর্গত সমাজনীতি সকল পরস্পরে দৃঢ় সূত্রে গ্রন্থিত, যদি স্ত্রী পুরুষ সর্ব্বত্র সমানাধিকারবিশিষ্ট হয়, তবে ইহা স্থির যে, কেবল শিশুপালন ও শিশুকে স্তন্যপান করান স্ত্রীলোকের ভাগ নহে, অথবা একা স্ত্রীরই ভাগ নহে। যাহাকে গৃহধর্ম্ম বলে, সাম্য থাকিলে স্ত্রী পুরুষ উভয়েরই তাহাতে সমান ভাগ। একজন গৃহকর্ম্ম লইয়া বিদ্যাশিক্ষায় বঞ্চিত হইবে, আর একজন গৃহকর্ম্মের দুঃখে অব্যাহতি পাইয়া বিদ্যাশিক্ষায় নির্ব্বিঘ্ন হইবে, ইহা স্বভাবসঙ্গত হউক বা না হউক, সাম্যসঙ্গত নহে। অপরঞ্চ পুরুষগণ নির্ব্বিঘ্নে যেখানে সেখানে যাইতে পারে, এবং স্ত্রীগণ কোথাও যাইতে পারিবে না, ইহা কদাচ ন্যায়সঙ্গত নহে। এই সকল স্থানে বৈষম্য আছে বলিয়াই বিদ্যাশিক্ষাতেও বৈষম্য ঘটিতেছে। বৈষম্যের ফল বৈষম্য। যে একবার ছোট হইবে, তাহাকে ক্রমে ছোট হইতে হইবে।

কথাটি আর এক প্রকারে বিচার করিয়া দেখিলে বুঝা যাইবে।

স্ত্রীশিক্ষা বিধেয় কি না? বোধ হয়, সকলেই বলিবেন, "বিধেয় বটে।"

তারপর জিজ্ঞাসা, কেন বিধেয়? কেহ বলিবেন না যে, চাকরির জন্য।* বোধ হয়, এতদ্দেশীয় সচরাচর সুশিক্ষিত লোকে উত্তর দিবেন যে, স্ত্রীগণের নীতিশিক্ষা, জ্ঞানোপার্জ্জন এবং বুদ্ধি মার্জ্জিত করিবার জন্য, তাহাদিগকে লেখাপড়া শিখান উচিত।

(*) সাম্যবাদী বলেন, চাকরির জন্যও বটে।

তারপর, জিজ্ঞাস্য যে, পুরুষগণকে বিদাশিক্ষা করাইতে হয় কেন? দীর্ঘকর্ণ দেশীয় গর্দ্দভশ্রেণী বলিবেন, চাকরির জন্য, কিন্তু তাঁহাদিগের উত্তর গণনীয়ের মধ্যে নহে। অন্যে বলিবেন, নীতিশিক্ষা, জ্ঞানোপার্জ্জন, এবং বুদ্ধি মার্জ্জনের জন্যই পুরুষের লেখাপড়া শিক্ষা প্রয়োজন। অন্য যদি কোন প্রয়োজন থাকে, তবে তাহা গৌণ প্রয়োজন, মুখ্য প্রয়োজন নহে। গোণ প্রয়োজনও স্ত্রীপুরুষ উভয়ের পক্ষেই সমান।

অতএব বিদ্যাশিক্ষাসম্বন্ধে স্ত্রীপুরুষ উভয়েরই অধিকারের সাম্য স্বীকার করিতে হইল। এ সাম্য সকলকেই স্বীকার করিতে হইবে, নচেৎ উপরিকথিত বিচারে অবশ্য কোথাও ভ্রম আছে। যদি এখানে সাম্য স্বীকার কর, তবে অন্যত্র সে সাম্য স্বীকার কর না কেন? শিশুপালন, যথেচ্ছা ভ্রমণ, বা গৃহকর্ম্ম সম্বন্দে সে সাম্য স্বীকার কর না কেন? সাম্য স্বীকার করিতে গেলে, সর্ব্বত্র সাম্য স্বীকার করিতে হয়। উপরে যে চারিটি সামাজিক বৈষম্যের উল্লেখ করিয়াছি, তন্মধ্যে দ্বিতীয়টি বিধবাবিবাহ সম্বন্ধীয়। বিধবাবিবাহ ভাল কি মন্দ, একটি স্বতন্ত্র কথা। তাহার বিবেচনার স্থল এ নহে। তবে ইহা বলিতে পারি যে, কেহ যদি আমাদিগকে জিজ্ঞাসা করেন, স্ত্রীশিক্ষা ভাল কি মন্দ? সকল স্ত্রীলোক শিক্ষিত হওয়া উচিত কি না, আমরা তখনই উত্তর দিব, স্ত্রীশক্ষা অতিশয় মঙ্গলকর; সকল স্ত্রীলোক শিক্ষিতা হওয়া উচিত; কিন্তু বিধবাবিবাহ সম্বন্ধে আমাদিগকে কেহ সেরূপ প্রশ্ন করিলে আমরা সেরূপ উত্তর দিব না। আমরা বলিব, বিধবাবিবাহ ভালও নহে, মন্দও নহে; সকল বিধবার বিবাহ হওয়া কদাচ ভাল নহে, তবে বিধবাগণের ইচ্ছামত বিবাহে অধিকার থাকা ভাল। যে স্ত্রী সাধ্বী, পূর্ব্বপতিকে আন্তরিক ভাল বাসিয়াছিল, সে কখনই পুনর্ব্বার পরিণয় করিতে ইচ্ছা করে না; যে জাতিগণের মধ্যে বিধবাবিবাহ প্রচলিত আছে, সে সকল জাতির মধ্যেও পবিত্রস্বভাববিশিষ্টা, স্নেহময়ী, সাধ্বীগণ বিধবা হইলে কদ্যাপি আর বিবাহ করে না। কিন্তু যদি কোন বিধবা, হিন্দুই হউন, আর যে জাতীয় হউন, পতির লোকান্তর পরে পুনঃপরিণয়ে ইচ্ছাবতী হয়েন, তবে তিনি অবশ্য তাহাতে অধিকারিণী। যদি পত্নীবিয়োগের পর পুনর্ব্বার দারপরিগ্রহে অধিকারী হয়, তবে সাম্যনীতির ফলে স্ত্রী পতিবিয়োগের পর অবশ্য, ইচ্ছা করিলে, পুনর্ব্বার পতিগ্রহণে অধিকারিণী। এখানে জিজ্ঞাসা হইতে পারে, "যদি" পুরুষ পুনর্ব্বিবাহে অধিকারী হয়, তবেই স্ত্রী অধিকারিণী, কিন্তু পুরুষেরই কি স্ত্রী বিয়োগান্তে

দ্বিতীয় বার বিবাহ উচিত? উচিত, অনুচিত, স্বতন্ত্র কথা; ইহাতে ঔচিত্যানৌচিত্য কিছুই নাই। কিন্তু মনুষ্যমাত্রেরই অধিকার আছে, যে যাহাতে অন্যের অনিষ্ট নাই, এমত কার্য্যমাত্রই প্রবৃত্তি অনুসারে করিতে পারে। সুতরাং পত্নীবিযুক্ত পতি, এবং পতিবিযুক্ত পত্নী ইচ্ছা হইলে পুনঃপরিণয়ে উভয়েই অধিকারী বটে।

অতএব বিধবা, বিবাহে অধিকারিণী বটে। কিন্তু এই নৈতিক তত্ত্ব অদ্যাপি এ দেশে সচরাচর স্বীকৃত হয় নাই। যাঁহারা ইংরেজি শিক্ষার ফলে, অথবা বিদ্যাসাগর মহাশয়ের বা ব্রাহ্ম ধর্ম্মের অনুরোধে, ইহা স্বীকার করেন, তাঁহারা ইহাকে কার্য্যে পরিণত করেন না। তিনি যিনি বিধবাকে বিবাহে অধিকারিণী বলিয়া স্বীকার করেন, তাঁহাদেরই গৃহস্থা বিধবা বিবাহার্থ ব্যাকুল্য হইলেও তাঁহারা সে বিবাহে উদ্যোগী হইতে সাহস করেন না। তাহার কারণ, সমাজের ভয়। তবেই, এই নীতি সমাজে প্রবেশ করে নাই। অন্যান্য সাম্যাত্মক নীতি সমাজে প্রবিষ্ট না হওয়ার কারণ বুঝা যায়; বিধানে কর্ত্তা পুরুষজাতি সে সকলের প্রচলনে আপনাদিগকে অনিষ্টগ্রস্ত বোধ করেন, কিন্তু এই নীতি এ সমাজে কেন প্রবেশ করিতে পারে না, তাহা ততত সহজে বুঝা যায় না। ইহা আয়াসসাধ্য নহে; কাহারও অনিষ্টকর নহে, এবং অনেকের সুখবৃদ্ধিকর। তথাপি ইহা সমাজে পরিগৃহীত হইবার লক্ষণ দেখা যায় না। ইহার কারণ, সমাজে লোকাচারের অলঙ্ঘনীয়তাই বোধ হয়।

আর একটি কথা আছে। অনেকে মনে করেন যে, চিরবৈধব্য বন্ধন, হিন্দু মহিলাদিগের পাতিব্রতা এরূপ দৃঢ়বদ্ধ যে, তাহার অন্যথা কামনা করা বিধেয় নহে। হিন্দু স্ত্রীমাত্রেই জানেন যে, এই এক স্বামীর সঙ্গে সঙ্গে তাঁহার সকল সুখ যাইবে, অতএব তিনি স্বামীর প্রতি অনন্ত ভক্তিমতী। এই সম্প্রদায়ের লোকের বিবেচনায় এই জন্যই হিন্দুগৃহে দাম্পত্যসুখের এত আধিক্য। কথাটি সত্য বলিয়াই না হয় স্বীকার করিলাম। যদি তাই হয়, তবে নিয়মটি একতরফা রাখ কেন? বিধবার চিরবৈধব্য যদি সমাজের মঙ্গলকর হয়, তবে মৃতভার্য্য পুরুষের চিরপত্নীহীনতা বিধান কর না কেন? তুমি মরিলে, তোমার স্ত্রীর আর গতি নাই, এজন্য তোমার স্ত্রী অধিকতর প্রেমশালিনী; সেইরূপ তোমার স্ত্রী মরিলে, তোমারও আর গতি হইবে না, দি এমন নিয়ম হয়, তবে তুমিও অধিকতর প্রেমশালী হইবে। এবং

দাম্পত্য সুখ, গার্হস্থ্য সুখ দ্বিগুণ বৃদ্ধি হইবে। কিন্তু তোমার বেলা সে নিয়ম খানে না কেন? কেবল অবলা স্ত্রীর বেলা সে নিয়ম কেন?

তুমি বিধানকর্ত্তা পুরুষ, তোমার সুতরাং পোয়া বারো। তোমার বাহুবল আছে, সুতরাং তুমি এ দৌরাত্ম্য করিত পার। কিন্তু জানিয়া রাখ যে, এ অতিশয় অন্যায়, গুরুতর, এবং ধর্ম্মবিরুদ্ধ বৈষম্য।

৩য়। কিন্তু পুরুষের যত প্রকার দৌরাত্ম্য আছে, স্ত্রীপুরুষে যত প্রকার বৈষম্য আছে, তন্মদ্যে আমাদিগের উল্লিখিত তৃতীয় প্রস্তাব, অর্থাৎ স্ত্রীগণকে গৃহমধ্যে বন্য পশুর ন্যায় বদ্ধ রাখার অপেক্ষা নিষ্ঠুর, জঘন্য অধর্ম্মপ্রসূত বৈষম্য আর কিছুই নাই। আমরা চাতকের ন্যায় স্বর্গমর্ত্য বিচরণ করিব, কিন্তু ইহার দেড় কাঠা ভূমির মধ্যে, পিঞ্জরে রক্ষিতার ন্যায় বদ্ধ থাকিবে। পৃথিবীর আনন্দ, ভোগ, শিক্ষা, কৌতুক, যাহা কিছু জগতে ভাল আছে, তাহার অধিকাংশে বঞ্চিত থাকিবে। কেন? হুকুম পুরুষের।

এই প্রথার ন্যায়বিরুদ্ধতা এবং অনিষ্টকারিতা অধিকাংশ সুশিক্ষিত ব্যক্তিই এক্ষণে স্বীকার করেন, কিন্তু স্বীকার করিয়াও তাহা লঙ্ঘন করিতে প্রবৃত্ত নন। ইহার কারণ, অমর্য্যাদা ভয়। আমার স্ত্রী, আমার কন্যাকে, অন্যে চর্ম্মচক্ষে দেখিবে! কি অপমান! কি লজ্জা! আর তোমার স্ত্রী, তোমার কন্যাকে যে পশুর ন্যায় পশ্বালয়ে বদ্ধ রাখ, তাহাতে কিছু অপমান নাই? কিছু লজ্জা নাই? যদি না থাকে, তবে তোমার মানাপমান বোধ দেখিয়া, আমি লজ্জায় মরি!

জিজ্ঞাসা করি, তোমার অপমান, তোমার লজ্জার অনুরোধে, তাহাদিগের উপর পীড়ন করিবার তোমার কি অধিকার? তাহারা কি তোমারই মানরক্ষার জন্য, তোমারই তৈজসপত্রাদিমধ্যে গণ্য হইবার জন্য, দেহ ধারণ করিয়াছিল? তোমার মান অপমান সব, তাহাদের সুখ দুঃখ কিছুই নহে?

আমি জানি, তোমরা বঙ্গাঙ্গনাগণকে এরূপ তৈয়ার করিয়াছ যে, তাহারা এখন আর এই শাস্তিকে দুঃখ বলিয়া বোধ করে না। বিচিত্র কিছুই নহে। যাহাকে অর্দ্ধভোজনে অভ্যস্ত করিবে, পরিশেষে সে সেই অর্দ্ধভোজনেই

সন্তুষ্ট থাকিবে, অন্নাভাবকে দুঃখ মনে করিবে না। কিন্তু তাহাতে তোমার নিষ্ঠুরতা মার্জ্জনীয় হইল না। তাহারা সম্মত হউক, অসম্মতই হউক, তুমি তাহাদিগের সুখ ও শিক্ষার লাঘব করিলে, এজন্য তুমি অনন্ত কাল মহাপাপী বলিয়া গণ্য হইবে।

আর কতকগুলি মূর্খ আছেন, তাঁহাদিগের শুধু এইরূপ আপত্তি নহে। তাঁহারা বলেন যে, স্ত্রীগণ সমাজমধ্যে যথেচ্ছ বিচরণ করিলে দুষ্টস্বভাব হইয়া উঠিবে, এবং কুচরিত্র পুরুষগণ অবসর পাইয়া তাহাদিগকে ধর্ম্মভ্রষ্ট করিবে। যদি তাঁহাদিগকে বলা যায় যে, দেখ, ইউরোপাদি সভ্যসমাজে কুলকামিনীগণ যথেচ্ছা সমাজে বিচরণ করিতেছে, তন্নিবন্ধন কি ক্ষতি হইতেছে? তাহাতে তাঁহারা উত্তর করেন যে, সে সকল সমাজের স্ত্রীগণ, হিন্দুমহিলাগণ অপেক্ষা ধর্ম্মভ্রষ্ট এবং কলুষিতস্বভাব বটে।

ধর্ম্মরক্ষার্থ যে স্ত্রীগণকে পিঞ্জরনিবদ্ধ রাখা আবশ্যক, হিন্দুমহিলাগণের এরূপ কুৎসা আমরা সহ্য করিতে পারি না। কেবল সংসারে লোকসহবাস করিলেই তাহাদিগের ধর্ম্ম বিলুপ্ত হইবে, পুরুষ পাইলেই তাহার কুলধর্ম্মে জলাঞ্জলি দিয়া তাহার পিছু পিছু জুটিবে, হিন্দু স্ত্রীর ধর্ম্ম এরূপ বস্ত্রাবৃত বারিবৎ নহে। যে ধর্ম্ম এরূপ বস্ত্রাবৃত বারিবৎ, সে ধর্ম্ম থাকা, না থাকা সমান – তাহা রাখিবার জন্য এত যত্নের প্রয়োজন কি? তাহার বন্ধভিত্তি উন্মূলিত করিয়া নূতন ভিত্তির পত্তন কর।

৪র্থ। আমরা চতুর্থ বৈষম্যের উল্লেখ করিয়াছি, অর্থাৎ পুরুষগণের বহুবিবাহে অধিকার, তৎসম্বন্ধে অধিক লিখিবার প্রয়োজন নাই। এক্ষণে বঙ্গবাসী হিন্দুগণ বিশেষরূপে বুঝিয়াছেন যে, এই অধিকার নীতিবিরুদ্ধ। সহজেই বুঝা যাইবে যে, এ স্থলে স্ত্রীগণের অধিকার বৃদ্ধি করিয়া সাম্য সংস্থাপন করা সমাজসংস্কারকদিগের উদ্দেশ্য হইতে পারে না; পুরুষগণের অধিকার কর্ত্তন করাই উদ্দেশ্য; কারণ, মনুষ্যজাতিমধ্যে কাহারই বহুবিবাহে অধিকার নীতিসঙ্গত হইতে পারে না।* কেহই বলিবে না যে, স্ত্রীগণও পুরুষের ন্যায় বহুবিবাহে অধিকারিণী হউন; সকলেই বলিবে, পুরুষেরও স্ত্রীর ন্যায় একমাত্র বিবাহে অধিকার। অতএব, যেখানে অধিকারটি নীতিসঙ্গত, সেইখানেই সাম্য অধিকারকে সম্প্রসারিত করে, যেখানে কার্য্যাধিকারটি অনৈতিক, সেখানে উহাকে কর্ত্তিত এবং

সঙ্কীর্ণ করে। সাম্যের ফল কদাচ অনৈতিক হইতে পারে না। সাম্য এবং স্বানুবর্ত্তিতা, এই দুই তত্ত্বমধ্যে সমুদায় নীতিশাস্ত্র নিহিত আছে।

(*) কদাচিৎ হইতে পারে বোধ হয়। যথা, অপুত্রক রাজা, অথবা যাহার ভার্য্যা কুষ্ঠাদি রোগগ্রস্ত। বোধ হয় বলিতেছি, কেন না, ইহা স্বীকার করিলে পুরুষের বিপক্ষেও সেইরূপ ব্যবস্থা করিতে হয়। বস্তুতঃ বহুবিবাহ পক্ষে বলিবার দুই একটা কথা আছে, কিন্তু আমার বিবেচনায় বহুবিবাহ এমন কদর্য্য প্রথা যে, সকল কথার উল্লেখ মাত্রেও অনিষ্ট আছে।

এই চারটি বৈষম্যের উপর আপাততঃ বঙ্গীয় সমাজের দৃষ্টি পড়িয়াছে। যাহা অতি গর্হিত, তাহারই যখন কোন প্রতিবিধান হইতেছে না, তখন যে অন্যান্য বৈষম্যের প্রতি কটাক্ষ করিলে কোন উপকার হইবে, এমত ভরসা করা যায় না। আমরা আর দুই একটি কথার উত্থাপন করিয়া ক্ষান্ত হইব।

স্ত্রীপুরুষে যে সকল বৈষম্য প্রায় সর্ব্বসমাজে প্রচলিত আছে, তন্মধ্যে পৈতৃক সম্পত্তির উত্তরাধিকার সম্বন্ধীয় বিধিগুলি অতি ভয়ানক ও শোচনীয়। পুত্র পৈতৃক সম্পত্তিতে সম্পূর্ণ অধিকারী, কন্যা কেহই নহে। পুত্র কন্যা, উভয়েরই এক ঔরসে, এক গর্বে জন্ম; উভয়েরই প্রতি পিতা মাতার এক প্রকার যত্ন, এক প্রকার কর্ত্তব্য কর্ম্ম; কিন্তু পুত্র পিতৃমৃত্যুর পর পিতার কোটি মুদ্রা সুরাপানাদিতে ভস্মসাৎ করুক, কন্যা বিশেষ প্রয়োজনের জন্যও তন্মধ্যে এক কপর্দ্দক পাইতে পারে না। এই নীতির কারণ হিন্দুশাস্ত্রে নির্দ্দিষ্ট হইয়া থাকে যে, যেই শ্রাদ্ধাধিকারী, সেই উত্তরাধিকারী; সেটি এরূপ অসঙ্গত এবং অযথার্থ যে, তাহার যৌক্তিকতা নির্ব্বাচন করা নিষ্প্রয়োজন। দেখা যাউক, এরূপ নিয়মের স্বভাবসঙ্গত অন্য কোন মূল আছে কি না। ইহা কথিত হইতে পারে যে, স্ত্রী স্বামীর ধনে স্বামীর ন্যায়ই অধিকারিণী; এবং তিনি স্বামিগৃহে গৃহিণী, স্বামীর ধনৈশ্বর্য্যে কর্ত্রী, অতএব তাঁহার আর পৈতৃক ধনে অধিকারিণী হইবার প্রয়োজন নাই। যদি ইহাই এই ব্যবস্থানীতির মূলস্বরূপ হয়, তাহা হইলে জিজ্ঞাস্য হইতে পারে যে, বিধবা কন্যা বিয়ষাধিকারিণী হয় না কেন? যে কন্যা দরিদ্রে সমর্পিত হইয়াছে, সে উত্তরাধিকারিণী হয় না কেন? কিন্তু আমরা এ সকল ক্ষুদ্রতর আপত্তি উপস্থিত করিতে ইচ্ছুক নহি। স্ত্রীকে স্বামী বা পুত্র বা এবম্বিধ কোন পুরুষের আশ্রিতা হইয়াই ধনভাগিনী হইতে হইবে,

ইহাতেই আমাদের আপত্তি। অন্যের ধনে নহিলে স্ত্রীজাতি ধনাধিকারিণী হইতে পারিবে না – পরের দাসী হইয়া ধনী হইবে – নচেৎ ধনী হইবে না, ইহাতেই আপত্তি। পরিতর পদসেবা কর, পতি দুষ্ট হউক, কুভাষী, কদাচারী হউক, সকল সহ্য কর – অবাধ্য, দুর্মুখ, কৃতঘ্ন, পাপাত্মা পুত্রের বাধ্য হইয়া থাক – নচেৎ ধনের সঙ্গে স্ত্রীজাতির কোন সম্বন্ধ নাই। পতি পুত্র তাড়াইয়া দিল ত সব ঘুচিল। স্বাতন্ত্র্য অবলম্বন করিবার উপায় নাই – সহিষ্ণুতা ভিন্ন অন্য গতিই নাই। এদিকে পুরুষ, সর্ব্বাধিকারী – স্ত্রীর ধনও তাঁর ধন। ইচ্ছা করিলেই স্ত্রীকে সর্ব্বস্বচ্যুত করিতে পারেন। তাঁহার স্বাতন্ত্র্য অবলম্বনে কোন বাধা নাই। এ বৈষম্য গুরুতর, ন্যায়বিরুদ্ধ, এবং নীতিবিরুদ্ধ।

অনেকে বলিবেন, এ অতি উত্তম ব্যবস্থা। এ ব্যবস্থাপ্রভাবে স্ত্রী স্বামীর বশবর্ত্তিনী থাকে বটে, পুরুষকৃত ব্যবস্থাবলির উদ্দেশ্যই তাই; যত প্রকার বন্ধন আছে, সকল প্রকার বন্ধনে স্ত্রীগণের হস্তপদ বাধিঁয়া পুরুষপদমূলে স্থাপিত কর – পুরুষগণ স্বেচ্ছাক্রমে পদাঘাত করুক, অধর্ম নারীগণ বাঙ্‌নিষ্পত্তি করিতে না পারে। জিজ্ঞাসা করি, স্ত্রীগণ পুরুষের বশবর্ত্তিনী হয়, ইহা বড় বাঞ্ছনীয়; পুরুষগণ স্ত্রীজাতির বশবর্ত্তী হয়, ইহা বাঞ্ছনীয় নহে কেন? যত বন্ধন আছে, সকল বন্ধনে স্ত্রীগণকে বাঁধিয়াছ, পুরুষজাতির জন্য একটি বন্ধনও নাই কেন? স্ত্রীগণ কি পুরুষাপেক্ষা অধিকতর স্বভাবতঃ দুশ্চরিত্র? না রজ্জুটি পুরুষের হাতে বলিয়া, স্ত্রীজাতির এত দৃঢ় বন্ধন? ইহা যদি অধর্ম্ম না হয়, তবে অধর্ম্ম কাহাকে বলে, বলিতে পারি না।

হিন্দু শাস্ত্রানুসারে কদাচিৎ স্ত্রী বিষয়াধিকারিণী হয়, যথা – পতি অপুত্রক মরিলে। এইটুকু হিন্দুশাস্ত্রের গৌরব। এইরূপ বিধি দুই একটা থাকাতেই আমরা প্রাচীন আর্য্যব্যবস্থাশাস্ত্রকে কোন কোন অংশে আধুনিক সভ্য ইউরোপীয় ব্যবস্থাশাস্ত্রাপেক্ষাও উৎকৃষ্ট বলিয়া গৌরব করি। কিন্তু এটুকু কেবল মন্দের ভাল মাত্র। স্ত্রী বিষয়াধিকারিণী বটে, কিন্তু দানবিক্রয়াদির অধিকারিণী নহে। এ অধিকার কতটুকু? আপনার ভরণপৌষণ মাত্র পাইবেন, আর তাঁহার জীবনকালমধ্যে আর কাহাকেও কিছু দিবেন না, এই পর্য্যন্ত তাঁহার অধিকার। পাপাত্মা পুত্র সর্ব্বস্ব বিক্রয় করিয়া ইন্দ্রিয়সুখ ভোগ করুক, তাহাতে শাস্ত্রের আপত্তি নাই, কিন্তু মহারাণী স্বর্ণময়ীর ন্যায়

ধর্ম্মনিষ্ঠা স্ত্রী কাহারও প্রাণরক্ষার্থেও এক বিঘা হস্তান্তর করিতে সমর্থ নহেন। এ বৈষম্য কেন? তাহার উত্তেরেরও অভাব নাই – স্ত্রীগণ অল্পবুদ্ধি, অস্থিরমতি, বিষয়রক্ষণে অশক্ত। হঠাৎ সর্ব্বস্ব হস্তান্তর করিবে, উত্তরাধিকারীর ক্ষতি হইবে, এ জন্য তাহারা বিষয় হস্তান্তর করিতে অশক্ত হওয়াই উচিত। আমরা এ কথা স্বীকার করি না। স্ত্রীগণ বুদ্ধি, স্থৈর্য্য, চতুরতায় পুরুষাপেক্ষা কোন অংশে ন্যূন নহে। বিষয়রক্ষার জন্য যে বৈষয়িক শিক্ষা, তাহাতে তাহারা নিকৃষ্ট বটে, কিন্তু সে পুরুষেরই দোষ। তোমরা তাহাদিগকে পুরমধ্যে আবদ্ধ রাখিয়া, বিষয়কর্ম্ম হইতে নির্লিপ্ত রাখ, সুতরাং তাহাদিগের বৈষয়িক শিক্ষা হয় না। আগে বৈষয়িক ব্যাপারে লিপ্ত হইতে দাও, পরে বিষয়িক শিক্ষার প্রত্যাশা করিও। আগে মুড়ি রাখিয়া পরে পাঁটা কাটা যায় না। পুরুষের অপরাধে স্ত্রী অশিক্ষিতা – কিন্তু সেই অপরাধের দণ্ড স্ত্রীগণের উপরেই বর্ত্তাইতেছে। বিচার মন্দ নয়।

স্ত্রীগণের বিষয়াধিকার সম্বন্ধে একটি কৌতুকাবহ ব্যাপার মনে পড়িল। কয় বৎসর পূর্ব্বে হাইকোর্টে একটি মোকদ্দমা হইয়া গিয়াছে। বিচার্য্য বিষয় এই – অসতী স্ত্রী, বিষয়াধিকারিণী হইতে পারে কি না! বিচার অনুমতি করিলেন, পারে। শুনিয়া দেশে হুলস্থূল পড়িয়া গেল। যা! এতকালে হিন্দুস্ত্রীর সতীত্বধর্ম্ম লুপ্ত হইল! আর কেহ সতীত্বধর্ম্ম রক্ষা করিবে না! বাঙ্গালি সমাজ পয়সা খরচ করিত চাহে না – রাজাজ্ঞা নহিলে চাঁদায় সহি করে না, কিন্তু এ লাঠি এমনি মর্ম্মস্থানে বাজিয়াছিল যে, হিন্দুগণ আপনা হইতে চাঁদাতে সহি করিয়া, প্রিবিকৌন্সিলে আপীল করিতে উদ্যত! প্রধান প্রধান সম্বাদপত্র, "হা সতীত্ব! কোথায় গেলি" বলিয়া ইংরেজি বাঙ্গালা সুরে রোদ করিয়া "ওরে চাঁদা দে!" বলিয়া ডাকিতে লাগিলেন। শেষটা কি হইয়াছে জানি না; কেন না, দেশী সম্বাদপত্র পাঠসুখে আমরা ইচ্ছাক্রমে বঞ্চিত। কিন্তু যাহাই হউক, যাঁহারা এই বিচার অতি ভয়ঙ্কর ব্যাপার মনে করিয়াছিলেন, তাঁহাদিগকে আমাদিগের একটি কথা জিজ্ঞাস্য আছে। স্বীকার করি, অসতী স্ত্রী বিষয়ে বঞ্চিত হওয়াই বিধেয়, তাহা হইলে অসতীত্ব পাপ বড় শাসিত থাকে; কিন্তু সেই সঙ্গে আর একটি বিধান হইলে ভাল হয় না, যে লম্পট পুরুষ অথবা যে পুরুষ পত্নী ভিন্ন অন্য নারীর সংসর্গ করিয়াছে, সেও বিষয়াধিকারে অক্ষম হইবে? বিষয়ে বঞ্চিত হইবার ভয় দেখাইয়া স্ত্রীদিগের সতী করিতে চাও – সেই ভয় দেখাইয়া পুরুষগণকে সৎপথে রাখিতে চাও না কেন?

ধৰ্ম্মভ্ৰষ্ট স্ত্ৰী বিষয় পাইবে না; ধৰ্ম্মভ্ৰষ্ট পুরুষ বিষয় পাইবে কেন? ধৰ্ম্মভ্ৰষ্ট পুরুষ, – যে লম্পট, যে চোর, যে মিথ্যাবাদী, যে মদ্যাপায়ী, যে কৃতঘ্ন, সে সকলেই বিষয় পাইবে; কেন না, সে পুরুষ; কেবল অসতী বিষয় পাইবে না; কেন না, সে স্ত্রী! ইহা যদি ধৰ্ম্মশাস্ত্র, তবে অধৰ্ম্মশাস্ত্র কি? ইহা যদি আইন, তবে বেআইন কি? এই আইন রক্ষার্থ চাঁদা তোলা যদি দেশবাৎসল্য, তবে মহাপাতক কেমনতর?

স্ত্রীজাতির সতীত্বধর্ম্ম সৰ্ব্বতোভাবে রক্ষণীয়, তাহার রক্ষার্থ যত বাঁধন বাধিতেঁ পার, ততই ভাল, কাহারও আপত্তি নাই। কিন্তু পুরুষের উপর কোন কথা নাই কেন? পুরুষ বারস্ত্রীগমন করুক, পরদারনিরত হউক, তাহার কোন শাসন নাই কেন? শাস্ত্রে ভূরি ভূরি নিষেধ আছে; সকলেই বলিবে, পুরুষের পক্ষেও এ সকল অতি মন্দ কৰ্ম্ম, লোকেও একটু একটু নিন্দা করিবে – কিন্তু এই পৰ্য্যন্ত। স্ত্রীলোকদিগের উপর যেরূপ কঠিন শাসন, পুরুষদিগের উপর সেরূপ কিছুই নাই। কথায় কিছু হয় না; ভ্রষ্ট পুরুষের কোন সামাজিক দণ্ড নাই। একজন স্ত্রী সতীত্ব সম্বন্ধে কোন দোষ করিলে সে আর মুখ দেখাইতে পারে না; হয়ত আত্মীয় স্বজন তাহাকে বিষ প্রদান করেন; আর একজন পুরুষ প্রকাশ্যে সেইরূপ কাৰ্য্য করিয়া রোশনাই করিয়া, জুড়ি হাঁকাইয়া রাত্রিশেষে পত্নীকে চরণরেণু স্পর্শ করাইতে আসেন; পত্নী পুলকিত হয়েন; লোকে কেহ কষ্ট করিয়া অসাধুবাদ করে না; লোকসমাজে তিনি যেরূপ প্রতিষ্ঠিত ছিলেন, সেইরূপ প্রতিষ্ঠিত থাকেন, কেহ তাঁহার সহিত কোন প্রকার ব্যবহারে সঙ্কুচিত হয় না; এবং তাঁহার কোন প্রকার দাবি দাওয়া থাকিলে স্বচ্ছন্দে তিনি দেশের চূড়া বলিয়া প্রতিভাত হইতে পারেন। এই আর একটি গুরুতর বৈষম্য।

আর একটি অনুচিত বৈষম্য এই যে, সৰ্ব্বনিম্নশ্রেণীর স্ত্রীলোক ভিন্ন, এদেশীয় স্ত্রীগণ উপাৰ্জ্জন করিতে পারে না। সত্য বটে, উপাৰ্জ্জনকারী পুরুষেরা আপন আপন পরিবারস্থা স্ত্রীগণকে প্রতিপালন করিয়া থাকে। কিন্তু এমন স্ত্রী অনেক এ দেশে আছে যে, তাহাদিগকে প্রতিপালন করে, এমন কেহই নাই। বাঙ্গালার বিধবা স্ত্রীগণকে বিশেষতঃ লক্ষ্য করিয়াই আমরা লিখিতেছি। অনাথা বঙ্গবিধবাদিগের অন্নকষ্ট লোকবিখ্যাত, তাহার বিস্তারে প্রয়োজন নাই। তাহারা উপাৰ্জ্জন করিয়া দিনপাত করিতে পারে না, ইহা সমাজের নিতান্ত নিষ্ঠুরতা। সত্য বটে, দাসীত্ব বা পাচিকাবৃত্তি

করিবার পক্ষে কোন বাধা নাই, কিন্তু ভদ্রলোকের স্ত্রী কন্যা এ সকল বৃত্তি করিতে সক্ষম নয় – তদপেক্ষা মৃত্যুতে যন্ত্রণা অল্প। অন্য কোনপ্রকারে ইহারা যে উপার্জ্জন করিতে পারে না, তাহার তিনটি কারণ আছে। প্রথমতঃ, তাহারা দেশী সমাজের রীত্যনুসারে গৃহের বাহির হইতে পারে না। গৃহের বাহির না হইলে উপার্জ্জন করার অল্প সম্ভাবনা। দ্বিতীয়, এ দেশীয় স্ত্রীগণ লেখাপড়া বা শিল্পাদিতে সুশিক্ষিতা নহে; কোনপ্রকার বিদ্যায় সুশিক্ষিত না হইলে কেহ উপার্জ্জন করিতে পারে না। তৃতীয়, বিদেশী উমেদওয়ার এবং বিদেশী শিল্পীরা প্রতিযোগী; এ দেশী পুরুষেই চাকরি, ব্যবসায়, শিল্প বা বাণিজ্যে অন্ন করিয়া সঙ্কুলান করিয়া উঠিতে পারিতেছে না, তাহার উপর স্ত্রীলোক প্রবেশ করিয়া কি করিবে?

এই তিনটি বিঘ্ন নিরাকরণের একই উপায় – শিক্ষা। লোকে সুশিক্ষিত হইলে, বিশেষতঃ স্ত্রীগণ সুশিক্ষিতা হইলে, তাহারা অনায়াসেই গৃহমধ্যে গুপ্ত থাকার পদ্ধতি অতিক্রম করিতে পারিবে। শিক্ষা থাকিলেই, অর্থোপার্জ্জনে নারীগণের ক্ষমতা জন্মিবে। এবং এ দেশী স্ত্রীপুরুষ সকল প্রকার বিদ্যায় সুশিক্ষিত হইলে, বিদেশী ব্যবসায়ী, বিদেশী শিল্পী বা বিদেশী বণিক্, তাহাদিগের অন্ন কাড়িয়া লইতে পারিবে না। শিক্ষাই সকল প্রকার সামাজিক অমঙ্গল নিবারণের উপায়।

আমরা যে সকল কথা এই প্রবন্ধে বলিয়াছি, তাহা যদি সত্য হয়, তবে আমাদিগের দেশীয় স্ত্রীগণের দশা বড়ই শোচনীয়া। ইহার প্রতিকার জন্য কে কি করিয়াছেন? পণ্ডিতবর শ্রীযুক্ত ঈশ্বরচন্দ্র বিদ্যাসাগর ও ব্রাহ্মসম্প্রদায় অনেক যত্ন করিয়াছেন – তাঁহাদিগের যশঃ অক্ষয় হউক; কিন্তু এই কয় জন ভিন্ন সমাজ হইতে কিছুই হয় নাই। দেশে অনেক এসোসিয়েশন, লীগ, সোসাইটি, সভা, ক্লাব ইত্যাদি আছে – কাহারও উদ্দেশ্য রাজনীতি, কাহারও উদ্দেশ্য সমাজনীতি, কাহারও উদ্দেশ্য ধর্ম্মনীতি, কাহার উদ্দেশ্য দুর্নীতি, কিন্তু স্ত্রীজাতির উন্নতির জন্য কেহ নাই। পশুগণকে কেহ প্রহার না করে, একজন্য একটি সভা আছে, কিন্তু বাঙ্গালার অর্দ্ধেক অধিবাসী, স্ত্রীজাতি – তাহাদিগের উপকারার্থ কেহ নাই। আমরা কয় দিনের ভিতর অনেক পাঠশালা, চিকিৎসাশালা এবং পশুশালার জন্য বিস্তর অর্থব্যয় দেখিলাম, কিন্তু এই বঙ্গসংসাররূপ পশুশালার সংস্করণার্থ কিছু করা যায় না কি?

যায় না; কেন না, তাহাতে রঙ্ তামাসা কিছু নাই। কিছু করা যায় না; কেন না, তাহাতে রায় বাহাদুরি, রাজা বাহাদুরি, ষ্টার অব্ ইণ্ডিয়া প্রভৃতি কিছু নাই। আছে কেবল মূর্খের করতালি। কে অগ্রসর হইবে?

উপসংহার

এ দেশের বর্ত্তমান সমাজের তৃতীয় দৃষ্টান্ত দেখাইতে হইতে জাতিগত বৈষম্যের উল্লেখ করিতে হয়। আমরা বর্ণ-বৈষম্যের কথা বলিতেছি না। প্রাচীন ভারতের বর্ণ-বৈষম্যের ফলের পরিচয় দিয়াছি। তাহার ফলে যে সামাজিক বৈষম্য জন্মিয়াছে, তাহা কৃষকের উদাহরণে বুঝাইয়াছি। এক্ষণে বর্ণগত বৈষম্যের সঙ্গে অধিকারগত বৈষম্য নাই; যাহা আছে, তাহা সামান্য। জাতিগত যে বৈষম্য বলিতেছি, তাহা জেতা ও বিজিতের মধ্যে। যে জাতি রাজা ও যে জাতি প্রজা, তাহাদিগের মধ্যে এ দেশে অধিকারগণ বৈষম্য আছে। সেই বৈষম্য এতদ্দেশীয়গণ কর্ত্তৃক সর্ব্বদা বিচারিত হইয়া থাকে, সুতরাং এ গ্রন্থে তাহার সবিস্তারে বিচার করিবার প্রয়োজন দেখা যায় না।

উপসংহারে আমরা কেবল ইহাই বুঝাইতে চাই যে, আমরা সাম্যনীতির এরূপ ব্যাখ্যা করি না যে, সকল মনুষ্য সমানাবস্থাপন্ন হওয়া আবশ্যক বলিয়া স্থির করিতে হইবে। তাহা কখন হইতে পারে না। যেখানে বুদ্ধি, মানসিক শক্তি, শিক্ষা, বল প্রভৃতির স্বাভাবিক তারতম্য আছে, সেখানে অবশ্য অবস্থার তারতম্য ঘটিবে – কেহ রক্ষা করিতে পারিবে না। তবে অধিকারের সাম্য আবশ্যক – কাহারও শক্তি থাকিলে অধিকার নাই, বলিয়া বিমুখ না হয়। সকলের উন্নতির পথ মুক্ত চাহি।

★ ★ ★

Milton Keynes UK
Ingram Content Group UK Ltd.
UKHW022037290324
440241UK00014B/557

9 798881 245313